古羅馬
宴會與階級文化

監修　祝田秀全

U0072759

從文化層面
認識西方思維

　　羅馬不是一天造成的──這句諺語，是指舉凡偉大事業都需要經年累月的努力才能成功的意思。

　　距今大約3000年前，誕生在義大利半島的小型城邦國家羅馬，耗費了長久的歲月，建立起古代西方規模最大的帝國。諺語中所說的羅馬，並不是指現在位於義大利國內的羅馬，而是指這個古代的羅馬帝國。

　　羅馬帝國最繁榮的時期是在二世紀上半葉，由皇帝哈德良統治的時代，首都羅馬的人口超過100萬人。此外，文化的發展也非常先進，公共浴場和圓形競技場等公共設施，也都成為許多電影劇集和小說的題材而廣為人知。

然而，我們在歷史課本上，只會學到古羅馬的偉大統治者凱撒和奧古斯都，以及暴君卡利古拉和尼祿。我們對古羅馬的認識，或許主要都是來自這裡。

　　本書並不會著墨於這些皇帝的事蹟，而是聚焦在前面提到的文化方面，以豐富的插圖和簡單易懂的文章來作系統性的歸納與整理。古羅馬人每天都吃些什麼東西？住在什麼樣的地方？平時又是做什麼事情取樂──只要翻閱本書，保證你能夠成為羅馬通。

　　不僅如此，古羅馬帝國的文化又有「西方文明的基礎」之稱。在追求個體與多元化的現代社會，同時也為了加深人與人對彼此的理解，從文化背景了解西方的思維可以說是極為重要。期望本書可以成為各位的啟蒙。

祝田秀全

古羅馬簡史①

起源於神話的羅馬帝國

羅馬終結了自建國以來延續七代的王政，成立共和制國家。
羅馬統一義大利半島後，消滅了敵國迦太基、成為地中海的霸主。

建國神話
神話中被野狼養大的雙胞胎哥哥羅穆盧斯是羅馬的開國始祖。

塔克文
有高傲者之稱的塔克文遭到羅馬放逐，國家從王政移向共和制。

現代西方文化中帶有隱約的一致性，其背景源自於古羅馬。稱霸地中海的古羅馬文化習俗，從語言（拉丁語）開始，形塑了從古至今的歐洲文化脈絡。

建國神話提到，羅馬是由戰神瑪爾斯（Mars）之子羅穆盧斯（Romulus）建立，此後羅馬在傳承七代的王政期間拓展勢力，直到有高傲者之稱的君主塔克文（Lucius Tarquinius Superbus）才結束王政時代。之後，國家以元老院為中心，轉移成為沒有君主的共和政體。

當時，貴族和平民之間有嚴格的身分差別。作為統治機構的元老院和立於政治頂點的兩名執政官，也都是由貴族壟斷。平民和貴族一樣有履行兵役的義務，但卻沒有政治發言權。兩者之間發生階級鬥爭的結果，催生出了保障平民權利的護民官制度。政府制定了十二銅表法，適用於貴族

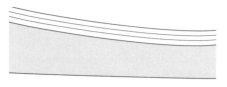

元老院

元老院是從貴族中選任議員的國家最高決議機關。議員的任期無限制,為終身制。

布匿戰爭

共和羅馬與迦太基爆發布匿戰爭。迦太基操控大象進攻,令羅馬軍大驚失色。

克拉蘇

龐貝

凱撒

凱撒遇刺

共和制的支持者強烈反對有獨裁傾向的凱撒,毅然決定暗殺凱撒。

前三頭同盟

三大將領停止爭鬥、聯手合作的政治形式,稱作三頭同盟。

和平民。然而,兩者的權利幾近平等,卻反而加深了彼此的對立。

此時,羅馬統一義大利半島,軍事力量迎向了鼎盛時期,而唯一的阻礙是位於地中海另一端的敵國迦太基。羅馬與名留青史的名將漢尼拔(Hannibal Barca)率領的迦太基軍經歷三次激烈的戰鬥(布匿戰爭)後勝利,接著又打敗了鄰國馬其頓,成為地中海的霸主。

然而,平民與貴族的對立更加深刻。接二連三發生角鬥士奴隸暴動、同盟者戰爭,國內持續動亂。就在這時,反抗元老院的龐培(Gnaeus Pompeius Magnus)、克拉蘇(Marcus Licinius Crassus)、凱撒(Gaius Iulius Caesar)組成了三頭同盟。雖然後來凱撒崛起成為最高權力者,但元老院共和政體擔心他成為獨裁者,遂派人暗殺而身亡。

古羅馬簡史②

和平與極盡榮華的帝制時代

凱撒的繼承人屋大維掌握了權力，
羅馬改行帝制，開啟了羅馬治世。

後三頭同盟
西元前43年，再度由三名將領掌握羅馬
的權力，開始了後三頭同盟。

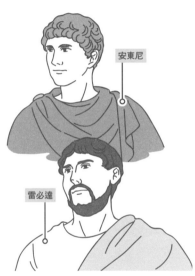

屋大維

安東尼

雷必達

在凱撒死後持續的政治動盪之中，當時18歲的凱撒養子屋大維（Gaius Octavius Thurinus）、凱撒的部下安東尼（Marcus Antonius）、名門貴族雷必達（Marcus Aemilius Lepidus）組成了後三頭同盟。三人排除對立的共和制派系後，開始互相爭鬥，最終由屋大維平息內戰，成為贏家。

屋大維從凱撒遇刺的悲劇學到教訓，在西元前27年宣稱自己是羅馬共和的第一公民（Princeps），於是獲得元老院頒布「奧古斯都」（Augustus，至尊）的頭銜，屋大維就此掌握國家所有大權。國家採取元首制的形式，但實質上是帝制的開始。此後200年間，即是名為「羅馬治世（Pax Romana）」的鼎盛時期。

奧古斯都（屋大維）死後，由凱撒的後代繼任為皇帝。這個家系直到暴君尼祿

大浴場

羅馬文化在帝制時代繁榮發展，其中的公共浴場是人民的休閒場所。

競技場

在競技場舉行的刺激表演，對羅馬人民來說是至高無上的娛樂。

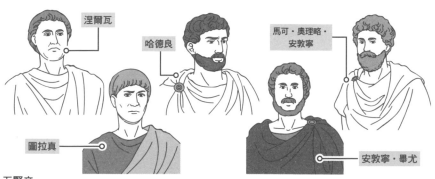

涅爾瓦

哈德良

馬可・奧理略・安敦寧

圖拉真

安敦寧・畢尤

五賢帝

享受和平與繁榮的羅馬帝制全盛時期，此時期羅馬文化還傳播到了周邊各國。

（Nero）為止總共傳承五代，延續約100年。在帝制中期就任皇帝的涅爾瓦（Marcus Cocceius Nerva）、圖拉真（Trajan）、哈德良（Hadrianus）、安敦寧・畢尤（Antoninus Pius）、馬可・奧理略・安敦寧（Marcus Aurelius Antoninus）合稱「五賢帝」，這個時代是古羅馬的全盛時期。帝國疆域在圖拉真在位的期間拓展到最大。地中海世界由單一帝國穩定統治，不僅活化了地區經濟，貿易範圍甚至擴大到東南亞和中國。

在好學不倦的哲學家皇帝馬可・奧理略・安敦寧統治時期，羅馬開始出現財政和軍務問題。五賢帝時代結束後，羅馬進入俗稱「三世紀危機」的時代。帝國的統治力量明顯下降，各個行省的軍團各自擁立皇帝。包含共治的皇帝在內，這50年內總共出現了26名皇帝（軍營皇帝時代）。

古羅馬簡史③

大帝國從東西分裂走向滅亡

遼闊的帝國領土分割成東、西二部各別統治，之後經歷了再統一與再分裂，
最終西羅馬帝國在5世紀、東羅馬帝國在15世紀滅亡。

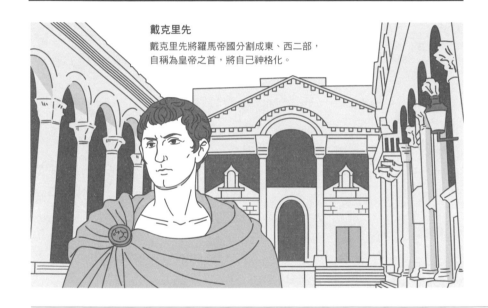

戴克里先
戴克里先將羅馬帝國分割成東、西二部，
自稱為皇帝之首，將自己神格化。

羅馬帝國的疆域過於龐大，因此在三世紀末登基的皇帝戴克里先（Diocletianus），將廣大的帝國分割成東西二個部分。兩邊各有正、副兩位，共計四位皇帝分別統治領土，開啟四帝共治時代。戴克里先原先是想藉由這項改革來穩定羅馬帝國的政權。

結果，各個皇帝管轄的領土減少了，但行省劃分得更鎖碎，官職也大量增加，促進了官僚體制的建置。這時，戴克里先自稱為皇帝之首，建立以皇帝為絕對掌權者的中央集權式專制君主制。

戴克里先退位後，西羅馬副帝之子君士坦丁（Constantinus）重新統一了羅馬帝國。他承襲先帝的改革策略，整頓官僚體制，同時也承認基督教的合法性，並親自改宗受洗入教。在宗教政策方面，君士坦丁與以專制君主身分迫害基督教的戴克里

君士坦丁
君士坦丁大帝在現在的伊斯坦堡前身君士坦丁堡建立了新首都。

君士坦丁堡

羅馬

東西分裂
分成東西二部的羅馬帝國,統治羅馬及周邊地區的是西羅馬帝國。

羅馬帝國的滅亡
476年,日耳曼人消滅了西羅馬帝國。1453年,鄂圖曼帝國消滅了東羅馬帝國。

先採取了截然相反的方針。由於在君士坦丁統治的時期,基督教已在羅馬帝國境內發展成為一大勢力,他不希望鎮壓,而是想借助基督教的力量來統治帝國。

基督教便以此為立足點,逐漸傳播到歐洲全土。君士坦丁的另一個成就,就是將新首都建立於君士坦丁堡(現在的伊斯坦堡)。帝國再度分裂成東西二部後,這裡成為東羅馬帝國的首都。

首位將基督教定為國教的皇帝狄奧多西(Theodosius),採取了在東、西羅馬帝國各立皇帝的體制,羅馬從此以後再也不曾復合。四世紀下半葉,日耳曼民族大舉入侵,西羅馬帝國在476年滅亡,皇冠歸還東羅馬皇帝。僅存的只有東羅馬帝國,之後帝國在與伊斯蘭勢力抗衡的同時仍延續統治,直到1453年遭到鄂圖曼帝國大軍壓境而覆滅。

contents

2　　　前言

4　　　古羅馬簡史①　起源於神話的羅馬帝國

6　　　古羅馬簡史②　和平與極盡榮華的帝制時代

8　　　古羅馬簡史③　大帝國從東西分裂走向滅亡

1章　生活的禮法

◆ 規 範

16　　從皇帝到奴隸，總共七個階級組成的階級社會

18　　貴族攏絡貧民，使選舉結果對自己有利

20　　身為羅馬公民，享有糧食和娛樂通通免費！

22　　男性165公分、女性155公分，羅馬人平均身高偏低

◆ 生 活 型 態

24　　處理活體的肉販和魚販，屬於卑賤的職業

28　　無關階級和性別，所有公民都接受初等教育

30　　身披一條寬鬆的長布，就是羅馬人的正式服裝

32　　有狗有鳥，還有獅子！古羅馬時代的寵物二三事

◆ 婚 姻 與 育 兒

34　　上流階級婚姻破局，多半由女方申請離婚

38　單身人士和沒有生育的夫妻，都會受到法律處罰

◆ **住宅**

40　當時的摩天大樓！平民住家是七層樓的集合住宅

42　只有富貴人家的獨棟建築，才有獨立廚房和廁所

◆ **公共基礎設施**

44　集會、競技與表演，廣場是人民的綜合活動中心

46　完工耗費400年！全長15萬公里的羅馬街道

48　羅馬市民死亡率居高不下，起因是沒做好污水處理

50　垃圾亂丟和噪音，治安惡化而不宜居住的大城市

◆ **生死觀**

52　古羅馬的喪禮習俗，會在死者口中塞入硬幣

54　使用牛豬的內臟卜卦吉凶，大家再一同分食剩肉

2 章　娛樂的禮法

◆ **宴會**

64　躺著吃、躺著交際，這才是羅馬人的作風！

68　宴席的主菜，是填滿海膽的母豬乳房

72　有錢人為防止盜賊入侵，住在無窗住宅內

74　富裕階級的樂趣，不外乎別墅度假與泡溫泉

◆ 娛樂

76　美容除毛和護膚，人人專注追求外貌之美

78　古羅馬的公共浴場，是超越溫泉會館的娛樂設施

82　古羅馬最熱門的運動，是馬拉的戰車競賽

84　免費的戲劇表演，諷刺和下流題材最受歡迎

86　至死方休！競技場上演的壯烈殊死戰

90　法庭的訴訟審判，是羅馬人心中最頂尖的娛樂

92　餐館、浴場與旅店，任何地方都能賭博！

94　羅馬人必去的觀光景點，就屬埃及金字塔！

96　與皇帝共度良宵的床伴，也包含高級娼妓？

3 章　奴隸的禮法

◆ 管理與活用

100　占帝國人口三成，只要在市場就能買到的奴隸

104　只要具備較高學識，奴隸也能充當家庭教師

106　獎賞是乳酪配葡萄酒！奴隸也有資格享受美食

◆ 性與罰

110　獲得主人的許可，奴隸便得以結婚

112　主人不必親自動手，代為鞭打奴隸的特殊職業

◆ 自由與叛亂

116　節日與特殊慶典，奴隸可享受主人般的待遇

118 不滿強制勞動，奴隸聯合發起大暴動！

120 從奴隸升格為公民，解放前提是主人要納稅

4章　帝國軍的禮法

◆ 組織架構

124 帝制時期以前，羅馬士兵得自備武器上戰場

126 身高不足173公分者，不得當兵

130 羅馬軍隊的領袖，皆由皇帝親自指派

132 以步兵為核心，最強羅馬軍團的部隊編制

136 不當班的士兵，會在浴場和同袍賭博取樂

◆ 防具和武器

138 身著厚重的鎧甲防具，導致前進速度非常緩慢

140 標槍並非穿刺之用，而是遠距投擲的武器

142 最基礎的行軍訓練，也要花 5 小時走完32公里

144 羅馬士兵的披風防水佳，卻也很臭

◆ 戰鬥

146 紅旗高高升起，正是開戰的信號！

150 葡萄酒和醋，都可當作消毒藥塗抹傷口

152 違反軍紀者，懲罰是清掃廁所！

154 退役的軍人，可領取國家支付的年金

SPECIAL EDITION ①

56　　貼身跟拍！羅馬人的24小時

SPECIAL EDITION ②

157　　深入了解古羅馬！拉丁文學和遺蹟檔案

168　　古羅馬時代年表

172　　後記

174　　參考文獻

column

62　　羅馬市內的麵包店都由國家統一管制

98　　明知犯罪，卻依然情不自禁出軌

122　　想留下自己活過的痕跡！奴隸的喪葬事宜

156　　貴為帝國一尊，也必須親赴戰場

1章

生 活 的 禮 法

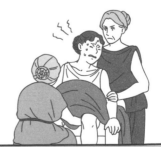

羅馬帝國興隆大約 2000 年以上,支撐國家繁榮發展的羅馬人生活水準非常高,但也面臨了少子化等許多與現在共通的問題。這一章,我們就來解說羅馬帝國的社會制度、職業、教育、婚喪喜慶、公共基礎設施等羅馬人的文化與日常生活。

從皇帝到奴隸，
總共七個階級組成的階級社會

相符年代 ▷	王政時期	共和時期	**帝制時期**

相符階級 ▷	皇帝	富裕階層	自由人	奴隸

古羅馬社會
有著複雜的身分制度

古羅馬給人自由、平等、有文化的印象，然而，古羅馬仍有遠古時代特有的一面，那就是社會階級裡包含奴隸。

古羅馬的社會階級大致分為兩個，分別是「奴隸」和享有權利與自由的「自由人」。但自由人並非全然平等，又可分為「生來自由人」和「獲釋自由人」。

生來自由人是指原本就是作為自由人出生，並且身分屬於羅馬公民和行省自由人（住在行省的自由人）。

獲釋自由人則是從法定的奴隸身分解放的人。獲釋自由人又可以分為自由民（liberti，從奴隸身分解放而自由的羅馬公民）、拉丁人、投降外國人這三種。

順便一提，自由民雖然擁有公民權，但不得就任官職。

生來自由人也會因為家世、財產、職位、出身地等而有階級差異。皇帝位居頂點，往下依序是元老院議員（由貴族〈Patricii〉構成）、騎士（equites，主要是土木業者），呈金字塔型排序。

在帝制時期以前，騎士是指騎馬作戰的貴族；進入帝制時期以後，騎士是指在羅馬擁有一定資產的富裕階層、未任職於元老院的公民。騎士在帝國內是僅次於元老院議員的第二身分，但只要工作表現獲得肯定，也可能會被拔擢成為元老院議員。

皇帝君臨階級頂點，擁有絕對權力，當然也是領導古羅馬人民邁向繁榮的最高領袖。古羅馬社會就在這種身分階級下，保持著絕佳的平衡。

明確區分的身分制度

規範

可擔任的職務會因身分而不同，設有明確的身分地位限制。

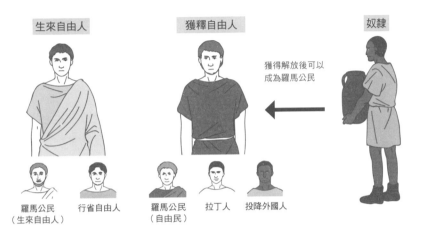

生來自由人　　　　　　獲釋自由人　　　　　　奴隸

獲得解放後可以
成為羅馬公民

羅馬公民　　行省自由人　　羅馬公民　　拉丁人　　投降外國人
（生來自由人）　　　　　（自由民）

身分的分類

古羅馬的身分大致可分為自由人和奴隸。但若要更詳細分類，自由人又能再分為兩種，從奴隸身分解放的人無法成為「生來自由人」，而是屬於「獲釋自由人」，即使獲得公民權，也有各種限制。

皇帝
元老院議員
騎士
平民
行省民
獲釋自由人（解放奴隸）
奴隸

社會階級

古羅馬的社會階級分為七層，由下往上是奴隸、解放奴隸、行省民、平民、騎士、元老院議員，以及最頂端的皇帝。

自由民

自由民是指從奴隸身分解放、獲得自由的羅馬公民，他們能夠從事的職業有限。還有限制往前追溯到祖父都是自由人的人才能從事的職業。

17

貴族攏絡貧民，
使選舉結果對自己有利

相符年代 ▷	王政時期	共和時期	帝制時期		相符階級 ▷	皇帝	富裕階層	自由人	奴隸

憑著私人信義結交 古羅馬的人際關係

古羅馬社會有「保護者」（patronus）和「庇護者」（clientes）的私人庇護關係。

窮人以更富裕的貴族或權力人士為保護者，而這個保護者是擁有更高地位和財產的庇護者。

庇護者早晨起床後，要先到保護者家中寒暄問候。庇護者的工作是護衛、打雜、陪同保護者到公共浴場（thermae）等等。

另一方面，庇護者也會拜託保護者幫忙、請求介紹工作。有貧窮庇護者的保護者，會給予他們金錢、糧食、禮物等津貼。

此外，保護者在庇護者打官司時，需要上法庭幫忙辯護，在各種場合下保護庇護者。

總而言之，保護者會對庇護者提供法律、財政、政治援助，所有的羅馬公民都會和地位與財產高於自己的人建立這種互相扶持的關係。

那麼，保護者是基於什麼目的才願意保護庇護者呢？對保護者來說，最重要的是鞏固自己的權力基礎。例如保護者成為公職的候選人時，庇護者就會投票給保護者。

擁有許多庇護者，對保護者而言就相當於增加自己的支持者，有助於獲得更多票數支持自己就任公職。

而且，羅馬人在涵蓋地中海地區的帝國內旅行時，也可以在旅行地點獲得富裕的同鄉人金錢援助。古羅馬社會裡就遍布著這樣的人際關係網路。

相互扶持

保護者與庇護者的施受關係

庇護者為了獲得生活援助、保護者為了鞏固權力基礎，雙方有互相幫助的關係。

互相扶持的關係

保護者除了提供庇護者金錢、糧食的援助，也會幫忙介紹工作，以便在自己成為公職候選人時促使庇護者投票。

寒暄

庇護者每天早上都會到保護者家中問候。這種拜訪稱作「表敬訪問」，是每天早上的慣例。

委託介紹

庇護者到保護者家中問候時會請對方介紹工作、審判時幫忙辯護，拜託各種事務。交換條件是保護者投入選舉時可獲得庇護者的票。

施捨

前去表敬訪問的庇護者，大多是中、下級階層的平民。平常缺乏糧食的人，可以獲得保護者施捨的食物和金錢等物品。

陪同

作為支持保護者的庇護者，得到各種好處的交換條件，就是陪同保護者外出和伺候沐浴，盡可能為保護者奉獻。

身為羅馬公民，享有糧食和娛樂通通免費！

相符年代 ▷	王政時期	共和時期	帝制時期		相符階級 ▷	皇帝	富裕階層	自由人	奴隸

擁有公民權就擁有各式各樣的權利

一般而言，在統稱古羅馬帝國的人民時，多半會使用「羅馬公民」這個稱呼。

但是，古羅馬帝國的羅馬公民，並不是指單純「住在羅馬的人」，而是泛指擁有「羅馬公民權」的人。即使住在距離羅馬很遠的行省，只要擁有公民權，就屬於「羅馬公民」。

在羅馬建國之初，每當發生戰爭，就會徵召農民從軍作戰，條件是給予他們參政權。這就是羅馬公民權的起源。

西元前二世紀中葉，隨著羅馬公民的沒落，因生活困苦而無暇出兵的人也獲得公民權。不過能獲得羅馬公民權的終歸只是一部分的人，外國人和奴隸就算住在羅馬也沒有公民權。

羅馬公民獲得的最大特權，就是前面提及的參政權。共和時代的執政官、法務官等政務官會施行國政，羅馬公民則是可以參加公民大會、選任政務官，有權參加重要案件的表決。

此外，羅馬公民也可以競選政務官等公職，依能力甚至還可能成為元老院議員，甚至是其他高級官員。

不僅如此，上訴權、財產所有權、婚姻締結權也都是羅馬公民的權利。

羅馬公民的權利當中，最知名的就是「麵包和馬戲」。這個權利可以免費領取小麥等糧食、免費觀賞角鬥士奴隸對戰比賽和戲劇等娛樂表演。所幸有這些福利，讓羅馬公民即使貧窮也不至於餓死。

羅馬公民權

僅限某些人才擁有的公民權

唯有擁有公民權的人才是公認的羅馬公民。只要符合條件，即便是羅馬以外的居民也能獲得認可。

我要申訴！

上訴權
古羅馬時代經常辦理訴訟審判。提出異議的上訴是只有羅馬公民才有的特權。

參政權
有羅馬公民權的人可以參與政治，有權在選舉中投票、表決重要案件。

財產所有權
羅馬公民擁有可任意使用、拋棄自己財產的權利。

麵包和馬戲
這是指掌權者賦予公民免費糧食和享樂權利的古羅馬社會政策。這個政策具有讓公民甘願忍受飢餓的效果，「麵包和馬戲」一詞就是為了諷刺這種現象而生。

男性 165 公分、女性 155 公分，羅馬人平均身高偏低

相符年代 ▷　王政時期　共和時期　帝制時期　　　相符階級 ▷　皇帝　富裕階層　自由人　奴隸

🪖 因為糧食不足 導致羅馬人長得矮？

在人口已達 100 萬人的羅馬，除了土生土長的羅馬人以外，還包含了形形色色的人種。

人民的髮色和體格也各不相同，實際上羅馬的居民大多出生自各個行省。比起擁有拉丁民族特徵的羅馬人，突厥、中近東、非洲民族的人占了多數。

從遺址發掘出的人骨分析結果可以得知，西元一～二世紀左右的羅馬人，平均身高大約是男性 165 公分，女性 155 公分，遠比現在的歐洲人要矮上許多。

大多數人都以為羅馬人的生活很富足自在，但他們還是有飢荒導致糧食不足的問題，這可能導致了他們的身高較矮。

另一個羅馬人的特徵，就是名字很長。例如尤利烏斯・凱撒，他的全名是「蓋烏斯・尤利烏斯・凱撒」。「蓋烏斯」是個人名（praenomen），代表他自己的名字。個人名的種類很少，一般都是用 G 或 M 等首字母標示。

後面的「尤利烏斯」是氏族名（nomen），「凱撒」則是家族名（cognomen）。

一般的家族名都會表達出「紅髮」、「左撇子」等身體特徵，具有類似綽號的性質。

所有羅馬公民都有這三個名字。而且在自我介紹時，還會再報上「○○之子」等父親的名諱，以及自己是屬於 35 個選區中的哪一個，所以正式姓名變得非常冗長。不過，實際上他們並不會完整稱呼這麼長的名字。在共和時期只會稱呼個人名和家族名，帝制時期則只稱呼家族名。

外表

古羅馬人比現代人嬌小許多？

古羅馬也有很多行省出身的人，不只是髮色和膚色，體格也都不盡相同。

大約155cm

165cm

女性
深入研究當時羅馬人的遺骨後，得知女性的平均身高大約是155cm。

男性
男性的平均身高大約是165cm。骨骼上殘留著當時受到飢荒影響、糧食不足導致的營養失調痕跡，所以土生土長的羅馬人身高都很矮。

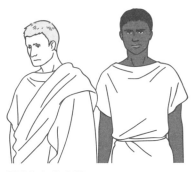

形形色色的人種
古羅馬混雜了各式各樣的人種，所以可以見到髮色、膚色、體格都不盡相同的人走在街上。

羅馬FILE

女性的皮膚白皙

古羅馬女性的價值取決於膚色的白皙程度。當時富裕階層的女性，都一定會撐可以遮住整個頭的陽傘。

處理活體的肉販和魚販，屬於卑賤的職業

| 相符年代 ▷ | 王政時期 | 共和時期 | **帝制時期** | 相符階級 ▷ | 皇帝 | 富裕階層 | **自由人** | 奴隸 |

日出而作、日入而息 絕大多數女性也能工作！

羅馬公民是以小麥支付薪資，保障生存最低限度的糧食。但是平民窮到不工作就付不出房租，所以他們大多都有工作。

古羅馬的城市地區林立著麵包店、蔬果行、五金行、牙醫診所等店鋪，有零售小販、工匠師傅、服務業等五花八門的職業。

其中又以工匠師傅最多元，像是以洗衣、染布維生的師傅，或是木匠、家具工匠、飾品師傅、鍛冶工匠、鞋匠、玻璃師傅、銅藝品師傅等等。

當時不像現代有機器，大多採手工作業。各個工匠師傅都具備高度專業的技術，可以滿足每一位客人的詳細需求。因此工匠師傅通常都會開設店鋪，或是工作室兼住家的個人商店。

古羅馬人的勞動時間會因職業有很大的差別，一般來說，他們會從日出到中午、工作大約六個小時，下午若有空閒是最理想的狀態。不過，很多人都還是從早晨工作到傍晚。

古羅馬的女性也會工作。尤其是都市的下層階級，很多女性都是做零售業，也有奶媽、助產士、女醫師、理髮師、美容師等專業度較高的工作。更多女性是當女演員、奏琴師、舞者，從事娛樂方面的工作，可見當時的女性社會地位較低。

上流階級的公民將「妓女、男娼、肉販、魚販、廚師、漁夫」視為最卑賤的職業，鄙視小販和工匠師傅。然而，平民都以自己的職業為傲，會組成各個工會來維持生計。

工匠師傅

大多數羅馬公民都是工匠師傅

工匠師傅幾乎都是直接將店鋪兼工作室的個人商店，同時也作為住宅使用。

木匠

集合住宅、宅邸、公共建築的地板和天花板上的雕刻，材料都是使用木材，所以由木匠負責加工和建造。

鍛冶工匠

鍛冶金屬、製造許多產品的鍛冶工匠的技術十分出色。

鞋匠

古羅馬人會根據場合穿著不同的鞋子。鞋匠可以精準地滿足每一位客人細膩又講究的強烈需求，製作和販賣鞋子。

玻璃師傅

玻璃師傅會大量製造出古羅馬盛產的「羅馬玻璃」。他們除了使用模具製作容器以外，也會運用當時發明的「吹製技法」。

女性的工作

大多數女性也有工作

古羅馬有許多女性從事的工作，可是工作的選擇範圍比男性要少，而且很多都需要高度的專業性。

奶媽

工作是照顧新生兒。基本上是由母親和奶媽來餵奶。

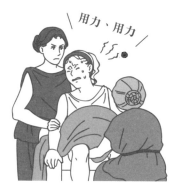

產婆

工作是接生即將出生的嬰兒。當時普遍都是讓孕婦坐在椅子上分娩，所以還需要好幾個人幫忙照顧母體。

家庭教師

在富裕的家庭中，多半會為了孩子的教育而聘請家庭教師。受雇的大多是女性，很多用功勤學的奴隸也會擔任教育孩子的工作。

美容師

為女性編成流行的髮型、染髮在當時是女性的工作，需要滿足客人的需求，像是在流行金髮時漂白髮色、等到褪了流行再染回黑髮等等。

紡織業

古羅馬女性鮮少在製造業裡工作，唯一有較多女性從事的是生產和加工布料的紡織業。

卑賤的職業

受到上流階級市民鄙視的行業

也有很多職業被認為社會地位卑微，甚至飽受偏見之苦。

娼妓

古羅馬有很多男性無法結婚。滿足這些人的慾望就是娼妓的工作。

肉販

上流階級的人看不起所有從事飲食相關職業的人。肉販也是其中之一，但他們對自己的工作非常自豪。

歡迎光臨！

魚販

從魚類的進貨到販賣，擔綱這一系列工作的魚販大多都是女性，她們的特徵是聲音洪亮，表現十分強勢。

廚師

廚師有各種類型，包含了貴族聘請的臨時廚師。如果廚師的手藝出色，就有望獲得高薪，但工作場所的設備往往不夠充足，令他們煞費苦心。

無關階級和性別，所有公民都接受初等教育

相符年代 ▷ 王政時期　共和時期　**帝制時期**　　相符階級 ▷ **皇帝**　**富裕階層**　**自由人**　**奴隸**

初等教育一視同仁 中等以上僅限富裕階層

古羅馬的孩童會從 7 歲左右開始上初等教育學校（ludus litterarum）。

雖說是學校，但並不是像現代由政府設立的大眾學校。古羅馬的學校沒有校舍，是在鎮上面向公共廣場的柱廊一角，或是只用一塊布簾隔間，被昏暗的油燈燻黑的店鋪、軍營或街頭上課。

孩子就在戶外捧著一塊上蠟的木板，在長凳上坐成一排聽課。

學校採男女合班制，無階級之分，就連奴隸的孩子也能上課。

課程主要是教授以字母為主的讀寫能力，以及背誦默記老師唸出來的文章。

算數方面會學習羅馬數字、九九乘法、分數計算。需要複雜的計算時，會使用凹槽算盤（在木板凹槽中移動小石子來計算）。

結束四年的初等教育以後，富裕家庭的孩子會進入中等學校，學習拉丁語和希臘語的文法與文學。另一方面，平民孩童則是為了謀生而開始工作。

接受中等教育的富家子弟不可能繼續在路邊上課，會改在學生家中特別設置的教室裡讀書。使用的教材是拉丁文學的詩人維吉爾（Publius Vergilius Maro）、辯論家西塞羅（Marcus Tullius Cicero）等人的作品，老師會解說其中內涵，也會教導天文學、音樂韻律、數學、地理等知識。

15～16 歲結束中等教育以後，富家子弟就會更換老師，向修辭學的教師學習辯論術。因為只要精通辯論術，就能從事政治家、律師等社會地位較高的職業。

孩子的教育

學習是富裕人家的特權

初等教育結束後，能夠繼續就學的孩童就僅限於富裕家庭出生的孩子。

背誦文章
這是初等教育的主要課堂內容之一。教材用的是莎草紙做的書卷。

算數
現代算數使用的阿拉伯數字在當時尚未發明，所以孩子都是使用時鐘的面盤文字來計算羅馬數字。

多國語言文法和文學
主要學習拉丁語和希臘語的文法與文學。教材是維吉爾和西塞羅的作品。

辯論術
滿15～16歲的富家子弟，會跟隨修辭學的教師學習辯論術。這是從事高社會地位職業必備的技能。

身披一條寬鬆的長布，
就是羅馬人的正式服裝

| 相符年代 ▷ | 王政時期 | 共和時期 | 帝制時期 | | 相符階級 ▷ | 皇帝 | 富裕階層 | 自由人 | 奴隸 |

當時男性的正式服裝「托加」和女性髮型都有流行趨勢

古羅馬人不論身分、年齡、性別，平常都穿著羊毛或亞麻製的連身衣「丘尼卡」。這種衣服是在肩膀和腋下縫合兩塊布，從頭往下套進全身，再綁起腰帶。

對富裕人家來說，丘尼卡只是睡衣或內衣，但是對平民和奴隸來說卻是唯一的服裝。

羅馬男性會披著像是床單一樣的衣服，這個服裝稱作「托加（長袍）」，在丘尼卡外面披上托加，就是羅馬成年男性的正式服裝。

托加是用羊毛或麻織成、一塊直徑約6公尺的半圓形布。穿托加需要奴隸幫忙，因為要用長布圍成自然的垂墜皺褶很費工夫。

能穿托加的只有羅馬公民，沒有公民權的外國人和奴隸、解放奴隸都禁止穿著。

上流階級的男性外出時一定穿著托加。托加的布料顏色和鑲邊顏色取決於階級，皇帝和將領的托加是昂貴的紫色布料加上金線刺繡，元老院議員為深紅色，其他上流階級則是紅或紫色，平民的托加是布料的原色或單色。

女性會穿著類似丘尼卡、下襬長到腳踝的衣服，稱作「斯托拉」。外出時會披上長方形的長披肩「帕拉」，就像托加一樣。

女性的髮型也琳瑯滿目，在早期的羅馬，女性髮型都是單純將頭髮從中央左右分開、梳到後面紮起來。

到了帝制時期，女性髮型愈來愈講究，在西元前一世紀左右，上流階級的女性流行用燒熱的烙鐵燙捲頭髮、層層堆疊的髮型。

服裝

正式服裝是羅馬公民的證明

可以穿著古羅馬正式服裝的人，僅限於羅馬公民。

丘尼卡

好穿又方便，是男性最普遍穿著的服裝。也是平民和奴隸唯一的服裝。

托加

成年男性穿著的正式服裝。這種衣服的材質是羊毛，出身於富裕家庭的人用來當作外出服。

斯托拉

女性普遍穿著的服裝樣式。下襬比丘尼卡要長，邊緣會加上細緻的荷葉邊，特地做得很美觀。

帕拉

女性外出時會穿著斯托拉，上面會再包一件長度及膝的長方形披肩，稱作帕拉。

女性的髮型

女性對髮型也非常講究。自古以來的髮型都是只有中分、梳到後面紮起來的簡易造型。隨著時代的演進，則流行將燙捲的頭髮重複堆疊而成的華麗髮型。

有狗有鳥，還有獅子！
古羅馬時代的寵物二三事

| 相符年代 ▷ | 王政時期 | 共和時期 | 帝制時期 | | 相符階級 ▷ | 皇帝 | 富裕階層 | 自由人 | 奴隸 |

古羅馬人飼養很多動物 最受歡迎的是狗

古羅馬人不只是飼養家畜，也會養各式各樣的動物當作寵物。

除了狗和鳥以外，還會飼養比較稀奇的猴子、蛇、狐狸、獅子、魚等等。

其中最廣受羅馬人心愛的寵物，就是狗了。

古羅馬時代的諷刺小說《愛情神話》裡，就提到富翁崔瑪奇歐（Trimalchio）飼養了狗。雖然這是虛構的故事，但書中描寫狗受到疼愛的程度，是用觸感柔軟舒適的布包著，並餵養豐盛到吃不完的食物。

而且，狗也會當作牧羊犬和看門狗，能夠幫忙保護羅馬人的財產。西元一世紀，因維蘇威火山爆發而消滅的龐貝城內，就遺留標示「內有惡犬」的鑲嵌字畫，提醒路人住宅內有看門狗。

當時的羅馬可能已經有導盲犬。在維蘇威火山爆發後消失的城市赫庫蘭尼姆遺蹟裡，就發現由狗引導人類前進的圖畫。

狗在街頭徘徊時也會吃掉剩飯和廢棄物，也具備街道清潔的功能。古羅馬有許多愛狗人士，甚至還流行愛犬死去後就會幫牠立墓碑、寫墓誌銘的文化。

除了狗以外，鳥類也很受歡迎。普遍飼養的是鴿子，其他還有麻雀、斑點鶇、夜鶯等等。其中最多人喜愛的是喜鵲和鸚鵡這類「會說話的鳥」。

另一方面，古羅馬的藝術品中出現的貓咪，幾乎都是描繪牠們消滅老鼠的模樣。由此可見，貓有捕鼠的重大功能，但是不太會當成寵物飼養。

寵物二三事

對人類的生活有所幫助

寵物可以看門、導盲、捕鼠，另外也因為能夠撫慰人的心情而受到疼愛。

狗

和現代一樣，古羅馬也飼養很多狗。有時候狗會作看門之用、保護主人的財產，或是當作獵犬，發揮各式各樣的功能。

鳥

古羅馬人普遍飼養鴿子、麻雀、斑點鶇。但大多數人喜愛的是鸚鵡這類會說話的鳥。

貓

很多古羅馬人都會養貓，但目的都是為了捕鼠，不太會當作寵物來飼養。

兔子

兔子外表可愛，是深受少女喜愛的動物。很多家庭都會為了年幼的女兒而飼養。

其他動物

猴子、蛇、狐狸、獅子等稀奇的動物和兇暴的動物，也會當作寵物飼養。

生活的禮法 之 9

上流階級婚姻破局，多半由女方申請離婚

相符年代 ▷	王政時期	**共和時期**	**帝制時期**		相符階級 ▷	皇帝	**富裕階層**	**自由人**	奴隸

好不容易結了婚 等來的結局卻是離婚？

在古羅馬，男性14歲、女性12歲就可以結婚。

根據羅馬的法律，結婚的前提是雙方都是羅馬公民。拉丁人以外的外國人不能和羅馬公民結婚，當然也不得和奴隸結婚。此外，四等親以內的血緣關係者也禁止結婚。

選擇結婚對象是父親的職責，結婚最重要的條件，是對方家族的門第和資產。

而且，新郎必須要有前途，新娘則必須要是處女且具備生育能力。新娘需要準備「嫁妝（dos）」作為陪嫁金。羅馬人的婚姻也很重視門當戶對，所以愈富裕的人，陪嫁金的金額也會愈高；如果付不出這筆錢，就不能結婚。

婚禮前會先舉行訂婚儀式。新郎、新娘的雙親交換結婚誓言，新郎送上聘禮、和新娘交換戒指。這時會決定好陪嫁金的金額，這個協定具有法律責任。

婚禮當天，親朋好友會一早就來參加，新人在婚禮上將活祭品獻給神，並簽署結婚證書。之後，還有由媒婆拉起新郎新娘的手牽在一起的習俗。

婚宴一直持續到傍晚後，新娘就會到新郎家。這時，新娘會向新郎發誓「Ubi tu Gaius, ego Gaia（我會永遠追隨你）」。

不過，上流階級的離婚率相當高。尤其是帝制時期自由奔放的上流階級女性，認為「生孩子當母親又累又無聊」。這種想法讓夫妻關係產生了裂痕，所以離婚多半都是由女方主動提出。

結婚的條件

結婚的身分受到限制

在古羅馬時代，結婚的條件並不是只有年齡，還有家世、資產等各種詳細的要求。

上流階級和娼妓

奴隸之間

服役中的士兵

行省官員和當地女性

結婚的禁止事項

元老院家族等上流階級出身者，不得和娼妓結婚。奴隸之間基本上也不能結婚，服役中的士兵按規定也不能結婚。

我也是　　我愛你

結婚的條件

男性滿14歲、女性滿12歲就能結婚。即使符合結婚年齡，也只有羅馬公民之間才能結婚，而且如果找不到能滿足父親提出的資產和家世條件的人，還是不能結婚。

各式各樣的嫁妝（dos）

古羅馬的婚姻認為家世是最重要的條件。新娘必須付出的嫁妝行情，也會隨著身分地位而水漲船高，而且嫁妝並不是只有現金，也可以用不動產、奴隸、衣服、珠寶飾品等物品支付。

婚禮

婚禮有多彩多姿的活動

如果想要和富家子弟結婚,新娘必須能夠籌出配得上對方身分的嫁妝(dos)。

訂婚儀式

在婚禮前,一定要舉行訂婚儀式。這是為了讓雙方的家人見面而舉行,除了交換結婚誓言以外,還會交換戒指、締結其他伴隨法律責任的協定。

前一天的情況

決定結婚的女性,依規定要在舉行婚禮的前一天,將從小使用的玩偶供奉在家裡設置的神壇前。

婚禮

當天一早就會有親朋好友聚集過來,盛大地祝賀新人。婚禮上要獻上活祭品給神、新郎和新娘互相宣誓,有許多活動流程。

餐會

餐會的習俗是在新娘頭上剝麵包,剝開的麵包一半要給新娘吃。這個舉動代表兩人發誓將會白頭偕老。

初夜

婚禮的所有程序都結束後,新郎的朋友會扛著新娘跨過新郎家的門檻,直接把新娘送到新郎等待的床上,讓新人度過火熱的一夜。

離婚

夫妻關係因為育兒問題而惡化！

古羅馬人對育兒的印象很糟糕，厭倦育兒生活的妻子多半會提出離婚。

同居與事實婚姻

無法結婚的羅馬公民以外的人，只能以同居或事實婚姻的形式共同生活。

我不想照顧小孩了

厭倦育兒的女性

上流階級的女性之間，有一股成為母親後便開始感到疲累無趣的趨勢。當時生孩子是伴隨著生命危險的行為，所以不願生孩子的女性很多。

我們離婚吧

離婚

在舉行了華麗的婚禮後，夫妻之間的愛卻並非永誌不渝。育兒問題或其他很多事情，都會輕易破壞夫妻的關係，離婚一點也不稀奇。

單身人士和沒有生育的夫妻，都會受到法律處罰

相符年代 ▷	王政時期	共和時期	帝制時期

相符階級 ▷	皇帝	富裕階層	自由人	奴隸

古羅馬帝國人口問題少子化和棄嬰

羅馬帝國有少子化的問題。若要維持羅馬的人口，羅馬的女性一生必須生 5 個孩子以上。

這個數字遠比當今日本所需要來得多，在醫學和公共衛生學尚未發達的古羅馬，嬰幼兒的死亡率非常高。即使順利產下 5～6 個孩子，能夠長大成人的人數卻往往不到一半。

而且，並非每一位羅馬的女性都能生到這麼多的孩子。特別是上流階級的女性，大多排斥生產和育兒，所以孩童的人數自然愈來愈少。畢竟當時分娩的風險極高，流產、早產、多產通常都會危及女性生命。

因此，羅馬帝國的第一任皇帝奧古斯都在西元前 18 年訂立了「尤利烏斯法」、西元 9 年訂立了「巴比和波培法」，主要用於獎勵上流階級的女性結婚生子。20～50 歲的女性有義務和 25～60 歲的男性結婚，並針對單身人士和沒有子嗣的夫妻訂立罰則。反之，子孫滿堂的家庭則可以擁有各種特權。

在古羅馬，還有大量新生兒遭到遺棄的問題。嬰兒出生後，會舉行「Tollere liberum」的儀式，由父親將嬰兒高舉起來，代表他承認新生兒是家庭的一員，但若是一家之主不承認，就可以遺棄孩子。

上流階級的人通常會遺棄通姦後生下的孩子。至於貧窮的人因為生活困苦，大多會選擇留下有勞動力的男嬰，而遺棄女嬰。棄嬰若不是餓死，就是會被賣給奴隸商人。

生產

嚴重的少子化問題

當時的醫學並不發達，生孩子會有生命危險。另外還有棄嬰問題。

加油！

生產

為了解決少子化問題，最好的狀況是每個女性都能生5～6個孩子，但在當時的醫療環境下，流產和早產的案例很多，母親和幼兒都要承受很大的風險。

儀式

在古羅馬，剛出生的嬰兒生死掌握在一家之主手上。在「Tollere liberum」的儀式中，如果身為大家長的父親承認這個嬰兒是家族的孩子，就會當場將他抱起舉高。

棄嬰

一家之主不承認的嬰兒會遭到遺棄，只剩下成為奴隸或死亡的命運。此外，平民沒有養育孩子的經濟能力，所以也會遺棄嬰兒。

當時的摩天大樓！
平民住家是七層樓的集合住宅

| 相符年代 ▷ | 王政時期 | 共和時期 | 帝制時期 | | 相符階級 ▷ | 皇帝 | 富裕階層 | 自由人 | 奴隸 |

愈貧窮的人住在
易損壞又不方便的高樓層

以城市之姿繁榮發展的羅馬，在全盛時期的人口超過一百萬人，然而卻也導致密度過高、土地不足的問題。

只有一小部分的富裕階層可以擁有獨棟的房屋，平民都是住在類似現代華廈和公寓裡的高樓集合住宅內。集合住宅稱作「因蘇拉」（insula），拉丁語的意思是「島嶼」，因為隆起的集合住宅外觀看起來就像島嶼一樣。

集合住宅因蘇拉的樓層數大致都是二～七層樓，形狀像是四方形的箱子。四樓以下都是以磚塊砌成，五樓以上則是使用木材等輕巧的建材建造。這也意味著樓層愈高，建築愈容易損壞。當然這種建築沒有電梯，只能靠樓梯上下移動。與現代的摩天大樓相反，有錢人都住在低樓層，愈窮的人住的樓層愈高。

一樓大多是開設商店，而且一樓的玄關附近會設置共用的配水池。羅馬雖然建設了水道網，但水道無法往上牽到高樓層，所以二樓以上的居民都需要前往配水池汲水，以供生活使用。不僅如此，因蘇拉裡也沒有廚房和廁所（參照42～43頁）。

因蘇拉的居住環境稱不上舒適，房租卻很高，而且房東為了增加房租收入，還會設法加高樓層、增加更多房客。房子因此有倒塌的風險，於是第一任皇帝奧古斯都下令因蘇拉不得建造超過70尺（約20公尺）高，後來的皇帝圖拉真則是更嚴格規定為60尺（約18公尺）。然而，還是有很多因蘇拉違法增建。

平民的住宅①

與各種風險為伍的集合住宅

土地嚴重不足，許多人擠在狹小的土地裡比鄰而居的集合住宅，潛藏了各式各樣的問題。

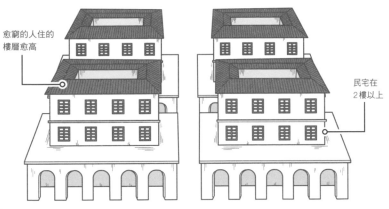

愈窮的人住的樓層愈高

民宅在2樓以上

因蘇拉

平民絕大多數沒有私人住家，都住在高層住宅裡。建築隆起的外觀就像一座島，所以才取名意指島嶼的「因蘇拉」。因蘇拉是2～7層樓健築，2樓以上是住宅。

因蘇拉的問題

崩塌

建築是用脆弱的建材簡單建造而成，所以經常崩塌、造成意外。

火災

因蘇拉也會使用易燃的木材建造。夏天氣候嚴重乾燥，經常發生火災。

惡鄰問題

樓上的居民會滿不在乎地把垃圾和糞尿倒到窗外丟棄，甚至還有人直接丟棄陶壺，所以附近居民行經建築下方時都要小心翼翼。

只有富貴人家的獨棟建築，才有獨立廚房和廁所

相符年代 ▷	王政時期	**共和時期**	**帝制時期**

相符階級 ▷	皇帝	**富裕階層**	自由人	奴隸

有惡劣習慣的居民會直接把糞尿倒出窗外

上一頁介紹過，「因蘇拉」光看外表就像是現代的華廈或公寓，但是沒有水管，也沒有廚房和廁所。只有富裕人家居住的獨棟建築才設有廚房和廁所。

獨棟建築的廚房有爐灶、鍋子等調理器具、器皿、桶和壺等儲藏容器、清洗用的水盆等等。在沒有廚房的因蘇拉裡，居民只能用類似火盆的簡單爐子烹煮，或是到附近的餐館吃飯（為了防止火災，房東也會禁止在屋內炊煮）。

在古羅馬龐貝城遺址發現的民宅裡，非水洗式的馬桶就設在廚房裡或隔壁。因為廚房的廚餘和馬桶污水會在同一個地方匯集處理。雖然這樣有衛生上的疑慮，但考量到民宅的構造也是無可奈何的事。

因蘇拉的居民因為家裡沒有廁所，只能出去使用付費公廁。公廁內的長凳形便座上開了好幾個洞，就直接坐在洞上面排泄。當時沒有現代的隔間廁所，所以人們會在上廁所的同時談天說地。

因蘇拉裡沒有廁所，但會放著充當馬桶用的甕。排泄物堆積在甕裡，所以有些習慣惡劣的居民會直接把排泄物倒出窗外。

從樓上窗口丟出的廢棄物品當中，也包括壺、盤子等硬物，不只造成環境髒亂，還可能造成危險，因此後來有法律禁止從因蘇拉的窗口隨意拋棄物品。如果行人因掉落物而受害，所有因蘇拉的居民都要承擔連帶責任。可是即使如此，居民亂丟垃圾的習慣依然沒有改善。

平民的住宅②

羅馬人喜歡在公廁裡閒聊

平民居住的因蘇拉裡沒有廁所和其他生活必需的設備，居民都是在公共廁所大小便。

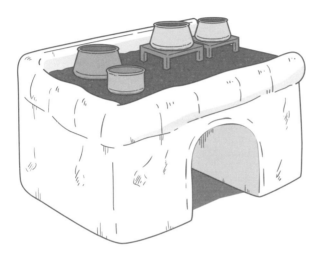

廚房

古羅馬的廚房是代表社會地位的指標。平民住宅裡並沒有設置廚房，所以在家吃飯是富裕人士才有的奢侈享受。

今天天氣真好　是啊

廁所

平民生活的住家裡也沒有設置大小便的地方，所以只能在每次有需求時去使用付費的公共廁所。平民會在那裡和現場的人閒話家常，使公廁成為社交場所。

集會、競技與表演，
廣場是人民的綜合活動中心

相符年代 ▷	王政時期	共和時期	帝制時期

相符階級 ▷	皇帝	富裕階層	自由人	奴隸

羅馬城中大廣場
居民生活起居的場所

大城市羅馬的各個地方都設有廣場，其中又以位於市中心的古羅馬廣場（Forum Romanum）最為知名。

拉丁語的 forum 是意指公開討論會或法庭的英語「forum」的詞源，泛指進行商業活動和集會的場所。古羅馬廣場原本是一座市場，後來也用於舉行儀式、表演、競技比賽，而且周邊也興建了政治用途的設施。

舉行過上述一系列的儀式與活動後，人們便會在廣場上召開集會，討論各項政治議題，因此廣場自然也成為羅馬居民的生活中心。廣場周圍建有神廟，聚集的人群也會膜拜祭壇上燃燒的女神維斯塔（Vesta）之火。

古羅馬從共和制轉移進入帝制時期後，此時的人民失去了對政治的熱情，但仍不時在廣場上舉辦集會。這個階段的廣場是戰爭和瘟疫流行時的祈禱場所，也會在這裡舉行追悼演說，紀念死去的人。帝制時期的古羅馬廣場周圍是元老院議會，或是各類公共建築，例如舉行審判的地點艾米利亞巴西利卡（外觀為拱形柱廊建築）、朱里亞巴西利卡、女神維斯塔的灶神廟、凱撒神廟、奧古斯都凱旋門等建築。

由於古羅馬廣場位於首都羅馬的中心，所以也設置了金色里程碑。里程碑是標示羅馬帝國主要城市到這裡的距離。

隨著羅馬的發展，在古羅馬廣場以外也建造了新的廣場。這些廣場都擁有讚美皇帝和羅馬帝國的紀念意義。

生活的中心

涵蓋政治、信仰、商業所有用途的城市廣場

古羅馬首都的中心廣場每天都有很多人聚集，熱鬧非凡。

❶廣場

這片廣場周圍有大理石建造的神廟、公共禮堂、議會等建築，具集會場所的功能。周邊還聚集了銀行和商店，不論任何階級身分，從掌權者到奴隸都可以來這裡。

❷商店

在人群往來的廣場，許多商店櫛比鱗次。對羅馬人民來說，商店是什麼都買得到的便利場所。

完工耗費400年！
全長15萬公里的羅馬街道

| 相符年代 ▷ | 王政時期 | 共和時期 | 帝制時期 |

| 相符階級 ▷ | 皇帝 | 富裕階層 | 自由人 | 奴隸 |

馬車只有在黃昏過後才允許通行羅馬

西洋有句諺語是「條條大路通羅馬」，意思是不論用什麼方式都會得到相同的結論，是從古羅馬注重道路政策的典故衍生出的一句話。

羅馬城自古以來就是義大利半島的交通樞紐。古羅馬鋪設了連結殖民都市和行省的道路，建構起以首都為中心的物流和軍事活動路網。

羅馬街道是從西元前312年，政治家克勞狄（Appius Claudius Caecus）建設的亞壁古道開始。

這條道路從共和時期拓展到帝制時期，包含支線在內，全長多達15萬公里。

道路為四層構造，先用砂礫和沙子等材料打好基礎後，再鋪上玄武岩製的石板。

街道寬度大約是4.8～6.5公尺，雙向馬車可以交會，道路兩旁挖了排水溝以便排出雨水，排水溝外側設置了步道。也就是和現代道路類似的設計。

鋪路工程會出動羅馬軍人，士兵只會在沒有戰爭的時候投入道路工程等公共事業的建設。羅馬街道連結了各個城鎮，羅馬市內也鋪設了密集的路網。市內道路上會有載著上流階級人士的轎子（由奴隸扛起搬運），一般路人也會通行。

路上總是車水馬龍。為了減少交通量，規定從日出到下午四點以前，只有少數馬車和貨車可以破例上路，其他則一律禁行。許多車輛被迫在夜間行進，石板路和車輪摩擦造成的噪音也讓很多人民難以入睡。

羅馬街道

手工鋪設石板、耗費400年完工！

奠定了羅馬繁榮基礎的羅馬街道，是為了讓軍隊敏捷快速地行軍才鋪設而成。

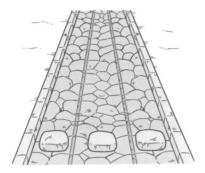

全長15萬公里

從動工開始耗費約400年的歲月，才鋪成15萬公里的長度。遍布帝國領內的街道讓古羅馬大為繁榮。

手工鋪設

鋪滿砂礫和碎石後，再細心鋪上玄武岩石板。市內的道路還增設了可以避開載貨馬車的行人用石塊步道。

妨礙安眠

白天的街道人潮絡繹不絕，所以禁止車輛通行。車輛被迫夜間才能上路，因此住在路邊的居民都因載貨馬車等車輛經過的噪音而不堪其擾。

好痛

道路太窄

道路鋪設的寬度只能讓馬車順利交會，窄得讓來自帝國各地的人在路上摩肩接踵，每天路上都擠滿了人潮。

羅馬市民死亡率居高不下，起因是沒做好污水處理

相符年代 ▷	王政時期	**共和時期**	**帝制時期**

相符階級 ▷	**皇帝**	**富裕階層**	**自由人**	**奴隸**

雖然開闢下水道 衛生條件卻十分惡劣

全世界最古老的水道，是在古羅馬闢建而成。帝國的大量人口聚集在首都羅馬，造成嚴重的缺水問題。羅馬雖建城於台伯河下游，但光靠台伯河的水並不足以供應民生用水。

因此，為了解決缺水問題而興建的就是水道。這是從附近山中的水源地引水的工程。46頁提過羅馬街道始於政治家克勞狄鋪設的亞壁古道橋，而第一條水道也是由他所開闢的亞壁水道。

起初水道是設置在地下，西元前二世紀中葉才建造了高架的瑪西亞水道。這座拱形構造的水道橋象徵了羅馬高水準的建築技術，拱形設計的特性是不容易崩塌。讓水流通在較高的位置，就能為地形起伏較大的羅馬市內每個角落供應水源。羅馬人口超過100萬時，平均每人的用水量多達現代東京都居民的兩倍。

雖然水道是用岩石砌成，但水管起初是用木材或陶土製造，後來開始使用金屬，製造出鉛製水管。由於有些人會用自己的水管偷接輸水管來盜取水資源，所以水管才會製造成無法輕易加工的構造。但是，鉛會溶入水中，造成慢性中毒。

水源透過水管輸送到市內各個地方，而使用過的廢水則是流入大下水道（馬克西姆下水道），排入台伯河。

不同於運用了高度技術的上水道，古羅馬疏於處理下水道的廢水，污染了台伯河的水質。如此惡劣的衛生狀況，也導致羅馬市民的死亡率偏高。

水道狀況

令現代人訝異的水道技術

古羅馬市內之所以能夠穩定供給民生用水，是因為羅馬人具備了高水準的技術。

規範

生活型態

婚姻與育兒

住宅

公共基礎設施

生死觀

上水道很穩定

通過儲水槽和水管輸送到公共配水池的水不僅支撐了人民的生活，也有助於公共浴場繁榮發展。

運用高度技術的水道橋

水道橋利用拱形構造發揮支撐水路的拱門作用。將水面架高是為了讓水可以均勻輸送至羅馬市內的每個角落。

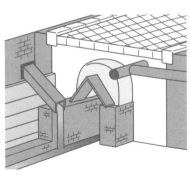

排水系統

從郊外引來的水會透過土管製成的水管輸送到公共配水池。公廁等地產生的污水則是流入下水管，直接排入台伯河。

草率的污水處理

雖然上水道品質穩定，但污水卻只是直接排放到河裡，處理方式十分粗糙。如此惡劣的衛生狀況，造成當時羅馬人民的死亡率升高。

垃圾亂丟和噪音，
治安惡化而不宜居住的大城市

相符年代 ▷	王政時期	共和時期	帝制時期

相符階級 ▷	皇帝	富裕階層	自由人	奴隸

 ## 垃圾問題和噪音問題
羅馬其實不是宜居的城市

　　全盛時期的人口超過100萬人的羅馬，是古代人口最密集的城市。首都羅馬的人口增加的其中一個原因就是俘虜。在連綿的戰爭中抓到的大量俘虜，都被當作奴隸帶進了羅馬。此外，小農民因無力與使用奴隸耕作的大型農場競爭，於是大多也遺棄了農地、到羅馬謀生。這些案例讓首都羅馬塞滿了大量人口。

　　由於居民數量龐大，羅馬不只是變得生氣勃勃，同時也衍生出各式各樣的問題。最具代表性的就是垃圾問題，路上往來的行人丟棄的垃圾，加上有人飼養的羊等家畜排泄物也遍布街道。古羅馬詩人尤維納利斯（Decimus Iunius Iuvenalis）就曾經描述

「走上街頭宛如步入泥沼」。

　　此外，人一多當然就會變得吵鬧喧嚣，所以羅馬人也飽受噪音之苦。和尤維納利斯生於同一時代的詩人馬提亞爾（Marcus Valerius Martialis），也寫道「早晨有教師高聲講課，夜晚有麵包店摔打麵糰，白天工匠敲槌的噪音嘈雜不止」。

　　煩惱垃圾問題和噪音問題的羅馬人，還要面臨治安問題。羅馬市內沒有路燈，所以入夜後就會變得十分昏暗。於是涉足強盜和偷竊的人便開始四處橫行，威脅城中居民的安全。順便一提，尤維納利斯也在作品中提到「若你打算夜晚外出獨行，卻不留下遺書，那就是你的疏忽」。富裕人士可以聘請保鑣或是在奴隸陪同下出門，但對其他平民來說，羅馬或許是不宜居住的城市。

都市問題

夜晚出門要有保鑣

在大城市羅馬因人口太多而引發許多問題，導致街頭的治安惡化，令居民吃盡苦頭。

遍布街道的垃圾

許多行人往來的路上，總是遍布著亂丟的垃圾和商店拋出的廢棄物。這個狀況令許多羅馬人感嘆不已。

噪音問題

白天往來的人群洪亮的聲音和喧囂響徹整個羅馬，夜晚又有白天禁止通行的車輛吵鬧地奔馳在路上，居民連安穩地睡覺都十分困難。

治安惡劣

沒有路燈的羅馬夜晚相當昏暗，盜賊和小偷四處橫行，一人獨自走在夜路是非常危險的行為。

聘請保鑣

甚至有詩人在作品中寫道，如果有事必須夜晚出門，應當聘請保鑣或是帶著奴隸結伴同行。

古羅馬的喪禮習俗，
會在死者口中塞入硬幣

相符年代 ▷ | 王政時期 | 共和時期 | 帝制時期

相符階級 ▷ | 皇帝 | 富裕階層 | 自由人 | 奴隸

最初以火葬為主
土葬形式日後才普及

由於生活環境惡劣，所以古羅馬人的壽命並不長。嬰兒死亡率也很高，平均壽命大約是20～25歲，能夠活到60歲以上的人非常少。

在隨時都會面臨死亡的古羅馬非常重視葬禮，因為人們認為如果沒有好好悼念死者，死者就會變成惡鬼。古羅馬人將死者的亡魂稱作「麻內」（Manes），不僅為麻內供奉餐酒，甚至還會獻上鮮血。角鬥士奴隸的比賽最早都是在葬禮中舉行，相傳這是為了將血獻給麻內。

死者的遺體會入土下葬，不過埋葬的墓地並不在城內，而是位於郊區的道路旁。根據當時的法律，市內嚴禁土葬和火葬。順便一提，共和時期以火葬為主，從帝制初期才開始實行土葬，這點是受到東方的習俗影響。

葬禮的流程大致如下：
①人死後，遺族會一起呼喚故人的名字。
②清潔大體，為死者梳妝打扮。
③在遺體口中放入硬幣，讓他在度過冥河時可以把錢付給船夫。
④下葬前須先安置遺體數日。大體的服裝要整齊。聯絡親朋好友告知死訊。
⑤下葬當日，將遺體放到喪葬用的轎子或台車運送到墓地。隊伍中也有樂師和哭喪女。
⑥在墓地將遺體火葬或土葬。

由於古羅馬的身分階級落差很大，葬禮的流程也不盡相同。富裕階層會隆重舉行葬禮，並建造廟宇供奉死者；平民則是連葬禮都無人出席，只是葬在公墓裡。

送葬

葬禮的規模取決於身分地位

在正式執行故人的葬禮前會有許多流程，愈是富裕的人就會辦得愈隆重周到。

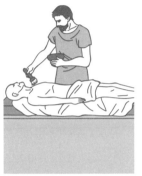

塗油

細心清潔死者的大體，梳裝打扮後，在全身塗抹上油脂。

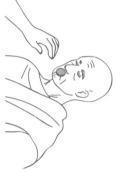

放上硬幣

在死者的口中放一枚硬幣，作為交給冥河船夫卡戎（Χάρων）的渡河錢。

送葬隊伍

富裕階層的葬禮會有很多人送葬，其中包含哭喪女、樂師和舞者等等，隆重地為故人送行。

土葬

當時的羅馬墓地是土葬和火葬併用，但不需額外花費的土葬比較普遍。

具備公職者會有盛大的葬禮

具備公職或其他身分的富裕階層，可以建造單獨的墳墓。但是能做到這種程度的人不滿羅馬人口的1%。

使用牛豬的內臟卜卦吉凶，大家再一同分食剩肉

相符年代 ▷ | 王政時期 | 共和時期 | 帝制時期   相符階級 ▷ | 皇帝 | 富裕階層 | 自由人 | 奴隸

羅馬神祇與希臘神祇吸收並融為一體

古羅馬信仰多神教，崇敬各式各樣的神祇。羅馬諸神脫胎自希臘神祇，例如羅馬的主神朱比特相當於希臘的主神宙斯，羅馬的海神涅普頓相當於希臘海神波賽頓，羅馬戰神瑪爾斯相當於希臘戰神阿瑞斯。眾神登場的羅馬神話也深受希臘神話強烈影響。

當然，羅馬在受到希臘影響以前，應該也有自己的原始眾神和神話，但目前無從得知他們原本神祇性格和神話故事內容。

除了希臘以外，古羅馬也將其他國家的神祇信仰迎回國內。像是印度伊朗的太陽神密特拉、埃及的豐收女神伊西斯，都融入成為羅馬的神。

在帝制時期，皇帝駕崩後也會被視為國家之神，追奉祭祀。不過，能夠成神的皇帝僅限於有偉大事蹟者，元老院有權判定該皇帝是否能夠成神。

羅馬人家家戶戶都會在家門口設置小神壇（lararium），以便向神祇禱告，祈求一日平安。可見當時信仰的廣泛。

信仰同時也連結政治。帝國各地和羅馬城都建有大型神廟，由皇帝擔任最高位階的大祭司。

在祭神儀式中，會把牛和豬隻作為活祭品獻給神。現場屠宰祭品後，名為腸卜師的祭司會用摘出的內臟來占卜吉凶。當政治上需要做重大決定時，都會仰賴占卜結果。祭品的內臟會供俸給神祇，剩下的肉由與會者分食。

農村地區舉行的祭神儀式，會獻上農作物作為貢品，相較於使用活祭品的城市地區更為樸素。

眾神也會影響人間政治

羅馬人對宗教十分寬容，信仰多神教。

宗教

受到信仰的眾神
天神朱比特、火神與灶神維斯塔、海神與戰神、治病神等等，所有領域都有守護神。家家戶戶供奉的神有珀那忒斯（Penates）、拉爾（Lar）、格尼烏斯（Genius）等神祇。

神壇
羅馬人不論任何階級，家裡的入口處都會設置一個供奉神的小神壇。人們每天都會在這裡禱告。

活祭品
古羅馬會把動物當作活祭品。占卜師利用成為活祭品的動物內臟來占卜吉凶，根據內臟的狀態來解讀神旨。之後，內臟就會作為神的貢品。

貼身跟拍！羅馬人的24小時

24小時貼身跟拍古羅馬市民每天的生活。他們平常究竟
都吃什麼、做什麼、有哪些興趣呢？

從早到晚追蹤
羅馬市民的
生活

☙ 羅馬人民是標準的晨型人！ ☚

`AM5：30`

起床

羅馬市民的一天很早就開始。他們每天會在日出時分被奴隸喚醒，完全就
是晨型人。在古羅馬，在自己專用的寢室裡獨自入睡是一件「優雅的事」，
所以即使結婚成家，夫妻還是會理所當然分房睡。他們在清晨起床後並不
會清洗身體和臉，這也是當時的生活特色。

AM5：45

神壇

起床後，先將貢品獻上神壇、全家人到齊禮拜是古羅馬的習慣。這個風俗不論貧富差距，是每個家庭都有的習慣。古羅馬人相信在供奉神祇和精靈的神壇禮拜，可以保護全家人消災解厄。

簡單又健康的飲食

AM6：00

早餐

神壇的禮拜結束後，全家人通常一起吃早餐。餐桌上會擺著麵包、雞蛋、乳酪、水果，基本上都會吃和神壇的貢品一樣的食物。富裕人家裡雖然有當廚師的奴隸，但由於早餐都吃得很簡單，很少派奴隸出來烹煮。

❧ 每天早上到掌權者家中問候 ❧

AM6：30

表敬訪問

中～下級階層的市民每天早上到保護者家中問候的習慣，稱作「表敬訪問」。來訪的市民會向保護者訴說自己的願望、拜託保護者幫忙介紹工作或在審判時辯護，並領取零用金和食物等物資。接受這些施捨的人民必須支持該保護者，雙方之間有庇護關係。

❧ 羅馬的市場什麼都賣 ❧

AM7：30

市場

市民告別保護者的家以後，大多會直接去市場。在羅馬市的公共廣場開設的市場，有小麥、建築用石材、葡萄酒、羊毛、鐵等等，豐富的商品一應俱全。這些都是從行省（義大利半島以外的羅馬領地）各地進貨，市場每天都熱鬧非凡。

對浴血的戰鬥大為狂熱！

`AM 11:30`

競技場

許多羅馬市民會聚集在圓形競技場（colosseo），那裡有角鬥士奴隸和猛獸或角鬥士之間的戰鬥比賽，也會公開處決罪犯，每天都會舉辦刺激又鮮血淋漓的表演。競技場的規模非常大，可容納人數多達五萬人。裡面設有皇帝專用席位，在當時的羅馬有許多人對這種死亡遊戲十分狂熱。

在熱鬧的大眾餐館飽餐一頓

`AM 12:00`

午餐

古羅馬有可以在肚子有點餓時吃東西的大眾餐館（popina）。這種餐館提供的菜色普遍為麵包和麥片粥，以及當水喝的葡萄酒、乳酪、鹽漬沙丁魚等。店內也設有爐灶，所以在這種餐館能吃到的都是剛出爐的麵包。

物色照顧生活起居的奴隸

AM 12:30

奴隸市場

在古羅馬，一般市民也會購買奴隸。性別、年齡、膚色都各不相同的奴隸會在脖子上掛著寫有名字、出身地、特徵的牌子，排在競標台上被出價銷售。當時奴隸占了羅馬人口的三成，大多都是戰爭俘虜。根據他們精通的語言，甚至可能標上高額的價錢。

15萬人為之瘋狂的戰車競賽

PM 2:00

大競技場

羅馬市民最瘋狂的並不是圓形競技場內的表演，而是在大競技場舉行的戰車競賽，有四分之一的羅馬市民都為了一睹為快而聚集到這裡。比賽分成四支隊伍，每一回合都會出動三輛馬戰車，關注這場賽事的15萬名觀眾，會分別為自己支持的隊伍聲援打氣。

家裡沒浴室！要淨身就上公共浴場

PM4：00

洗澡

古羅馬只有一部分的富裕階層家中才有浴室。其他的一般市民都會到公共浴場，在那裡流汗代謝，這是每天的慣例。浴室裡充滿了高溫蒸氣，地板燙到無法赤腳步行。另外還有三溫暖和冷水浴室，構造和現代的大浴場相差無幾。

羅馬市民的就寢時間很早！

PM5：00

就寢

洗澡後，羅馬市民每天會在日落前吃完晚餐，之後立刻上床就寢。成為富裕階層後則是夜夜笙歌，把酒喧囂直到深夜。但是，和宴會無緣的中～下級階層市民，在這個時間早已入睡，為隔日早晨儲備體力。

羅馬市內的麵包店
都由國家統一管制

首都的麵包店超過300家

　　古羅馬的政治家為了博取人民支持，習慣將糧食施捨給貧窮的選民。隨著時代進步，到了帝制時期以後，這個慣例逐漸發展成對擁有公民權的人免費配給小麥。

　　當時的麵包店裡有巨大的石臼，很多店家都承包將配給小麥製成麵包的作業，再加上羅馬市民的主食就是麵包，每天的消費量都很大。然而製做麵包是一口氣就得大量生產的粗重勞動，所以以此為業的族群大多都是獲釋的奴隸。

　　為了滿足麵包年年增加的需求量，開設了教授麵包工法的專科學校，以便增加更多麵包師傅。麵包店老闆總是受到國家管制，身分就像是領取國家薪水的現代國家公務員一樣。

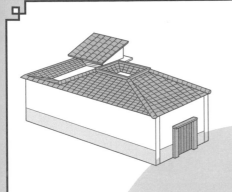

2章

娛 樂 的 禮 法

羅馬市民的生活娛樂多得令人吃驚。豪華的公共浴場、
戲劇、戰車競賽、競技場的戰鬥等表演尤其豐富。富裕
人家每天晚上都會開宴會，吵鬧不休。這一章，我們就
來解說羅馬市民的娛樂和休閒活動。

躺著吃、躺著交際，這才是羅馬人的作風！

相符年代 ▷	王政時期	共和時期	**帝制時期**		相符階級 ▷	皇帝	**富裕階層**	**自由人**	奴隸

吃剩的殘渣扔在地上 就連小便也當場解決！

古羅馬的有力人士和富翁，都把會飲當作社交場所運用。

會飲（饗宴）簡單來說就是宴會，有錢人會招待熟人來自家宅邸舉辦會飲。

舉行會飲的目的主要是促進人際關係、建立人脈，或者單純炫耀自己的財富。在宴會中，往往會準備很多平民吃不起的豐盛奢華菜餚和酒。

在稱作臥躺餐廳（triclinium）的空間裡，會設置一張擺滿佳餚的餐桌，周圍設置相鄰排列的臥鋪，供與會者躺臥。臥鋪是可以容納好幾個人躺臥的家具，彼此靠臥著同時進食是當時會飲的常識。雖然從現代禮節來看，這樣的風俗令人匪夷所思，不過會飲

針對躺臥的方向、臥鋪的配置都有上座和下座等詳細的規定。

光是在公共場合躺著吃飯恐怕就已經超乎我們現代人的常識想像，但更離譜的是會飲的用餐方式，是吃不下也要繼續吃。

當會飲的參加者吃飽後，就會去把胃裡的東西催吐出來，再繼續進食。為了順利嘔吐，他們還會準備戳進喉嚨專用的孔雀羽毛、裝嘔吐物的壺等用品。骨頭之類吃剩的殘渣也可以直接扔在地上，喝酒也是用現代人認為有害健康的乾杯方式。當然，有人喝得醉醺醺，也有人喝到尿急。最驚人的是他們會當場小便，朝著奴隸捧著的尿壺排尿。

在會飲中也會表現餘興節目，例如由樂師演奏音樂、一群性感的女人跳舞、演員表演短劇、朗讀詩歌。

會飲①

每天晚上都會舉辦儀態惡劣的宴會

富裕階層的人每天晚上都會招待許多賓客，不停開設宴會享樂到深夜。

躺臥著用餐很普遍

三個人躺在一張臥鋪上，左手肘靠著靠墊，空出的右手抓食物來吃。這種現代人認為儀態惡劣的進食姿勢卻是當時的常識。

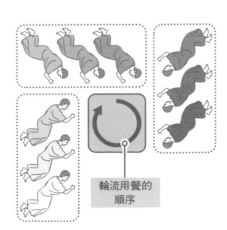

輪流用餐的順序

席次表

設置在一張矮桌周圍的三張臥鋪，有上座、中座、下座之分，這決定了躺臥者的身分，也決定了料理供應的順序。

餘興節目將熱烈氣氛推至最高潮

炒熱宴會氣氛的不是只有演員,奴隸也要表演五花八門的才藝當作餘興。

餘興節目
穿著暴露的女子跳舞、演員表演短劇、朗讀詩歌,藉許多餘興節目暖場。

奴隸演奏
表演餘興節目的不是只有演員,奴隸也會表演才藝、戲法、演奏來炒熱氣氛。

食物殘渣直接扔在地上
吃完肉的骨頭和食物殘渣,全部都會丟在地板上。掉出口中的食物碎屑也很多,都由少年奴隸負責清掃收拾這些殘局。

乾杯喝酒
古羅馬人經常舉辦酒宴。參加者要按照主辦人定下的規矩,一口氣喝乾整杯酒。

會飲③

吃了就吐，吐完再吃

在古羅馬沒有「肚子吃飽」這回事，會不停地嘔吐再進食。

嘔吐

他們為了在吃飽後還能繼續吃，會將吃下的食物吐進事先準備好的嘔吐壺，還會另外準備伸進喉嚨用的孔雀羽毛來催吐。

排尿

酒足飯飽後，自然就會產生尿意。但他們不會前往廁所，而是直接命令奴隸捧著尿壺來排尿。

醉倒

由於一下子喝乾大量的酒，所以幾乎所有參加者都在宴會結束時醉得不省人事。

外帶

用餐巾打包剩下的食物帶走的行為稱作「apophoreta」，在當時是非常理所當然的風俗習慣。

宴席的主菜，是填滿海膽的母豬乳房

相符年代 ▷	王政時期	共和時期	帝制時期

相符階級 ▷	皇帝	富裕階層	自由人	奴隸

🏛 法國名菜肥肝的起緣就是來自羅馬帝國

羅馬林立著高水準的建築，發展出形形色色的文化。羅馬也以成熟的飲食文化著稱。自西元前218～201年發生的第二次布匿戰爭時期以後，就有很多廚師開始大顯身手。

當時的羅馬帝國，集結了來自歐洲和近東各地的所有食材。會飲中上桌的料理，就大量使用了這些食材。

在會飲中，就像現代的全套西餐一樣，會有固定的上菜順序。首先是開胃菜（gustum），種類包含蔬菜煎蛋（patina）、水煮蛋、橄欖、沙拉、乳酪、麵包等等。

上完兩、三種不同的前菜以後，就會接著上第一道菜。第一道菜的拉丁文是mensa prima，相當於主菜。主菜種類包含豬肉或鹿肉、烤全雞、燉煮海鮮等等。令人驚異的地方在於，還會端出外皮帶有母豬乳頭的豬腩肉料理。

肉類料理中吃得最多的就是豬肉，常見作法是填充食材，塞滿海膽的母豬乳房肉便很受歡迎。

法國菜當中最著名的肥肝，最早的起源也在羅馬帝國。不斷給鵝灌食無花果乾、讓牠的肝臟腫大製成的食品，就是肥肝的起源。

會飲最後上桌的是第二道菜（mensa secunda），也就是甜點。種類包含蛋奶布丁、蜂蜜三角形蛋糕、高山積雪做的雪酪、新鮮水果等等。

從雞蛋和蔬菜做的開胃菜吃到主菜，最後再來一道水果或甜食做的甜點。在會飲中就是可以享受種類如此豐富的套餐佳餚。

飲食文化①	**早餐和午餐從簡，晚餐豐盛豪華**

在古羅馬，早餐和午餐都吃得很簡單，相對地，晚餐就會花很多時間慢慢品嘗奢華的菜餚。

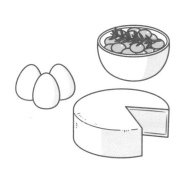

開胃菜
餐桌上會擺滿用大量橄欖製作的菜餚、豆子沙拉、乳酪、雞蛋、麵包。

甜點
除了水果以外，還有用高山積雪製作的雪酪、乳酪蛋糕等等。

主菜
主菜是地中海捕獲的魚，豬肉、羔羊肉、羊肉等肉類也會當作主菜。

器皿也十分講究，以視覺享受佳餚

古羅馬人不只講究滋味，也喜愛吃注重外觀呈現的菜餚。

豪華餐具
會飲中上桌的菜餚，都會用閃閃發亮的豪華餐具盛裝。

肥肝
鵝肝是知名的世界三大珍饈之一，從這個時代開始就已經是備受珍重喜愛的美食。

愛吃豬肉
古羅馬人吃最多的肉類就是豬肉。貴族所吃的豬肉料理中，還有一道令人反感、帶著母豬乳頭的豬腦料理。

魚醬
將沙丁魚和鯖魚等魚類用鹽水醃漬數日，反覆浸泡後倒入容器裡，精製成古羅馬最知名的調味料。

飲食文化③

將葡萄酒稀釋飲用是古羅馬式喝法

古羅馬人當水在喝的葡萄酒，都是用水稀釋後才會放上餐桌或會飲的宴席上。

葡萄酒

葡萄酒除了飲用外，也會泡麵包來吃，有多種不同的用途。在會飲中會消耗大量葡萄酒，所以有專門的奴隸用裝著葡萄酒的大甕（crater）幫參加者倒酒。

肉的烹調方法

古羅馬人通常會在肉裡面填塞其他食物，像是海膽，有時還會塞進活的斑點鶇，嚇壞餐桌旁的食客。

手髒了就用麵包擦

用手抓取食物來吃的羅馬人，會用麵包擦拭弄髒的手。沾滿髒汙的麵包不可能再繼續吃，會直接丟在地上。

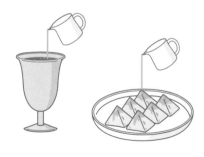

不用砂糖而是蜂蜜

嗜吃甜食的羅馬人非常愛用蜂蜜，除了用在料理和蛋糕等點心以外，加了蜂蜜的香甜葡萄酒「Mulsum」也很受歡迎。

有錢人為防止盜賊入侵，住在無窗住宅內

相符年代 ▷	王政時期	共和時期	帝制時期

相符階級 ▷	皇帝	富裕階層	自由人	奴隸

居所建築內部設計有開放的天井

羅馬有能力舉辦會飲的富裕人士，都住在一種叫作「多姆斯」（domus）的住宅裡。多姆斯是指設有中庭的奢侈獨棟房屋。

首都羅馬當時的人口超過100萬，人口密度很高。因此能住在廣闊土地上獨棟多姆斯的人，僅僅只有一部分富裕人家而已。

多姆斯有一個特徵，就是外牆幾乎沒有窗戶。這種設計具有防盜作用。

由於牆上沒有窗戶，所以建築內部建造了可以採光和通風的空間。這個空間就是設置了天井的大廳（atrium）和列柱中庭（peristylium）。

多姆斯沒有窗戶，就連白天也十分昏暗，只有大廳可以透過上面的大天窗引進陽光。

大廳除了當作起居室使用以外，也是迎接賓客的會客室，換言之即是這個家的門面，會用壁畫、雕像、傳家寶裝飾。

列柱中庭是用希臘風格的柱廊圍繞而成的中庭，屬於開放式空間，設有炎熱時也可以感受到涼意的噴水池和水渠。

中庭附近通常會建造臥躺餐廳。臥躺餐廳是舉行會飲的大廳，如同64～65頁所介紹，廳內設有讓參加者躺臥的臥鋪。臥躺餐廳是專為會飲設置的場所，不過在酷熱的夏天也會在可以乘涼的中庭舉行會飲。

此外，多姆斯的居民使喚的奴隸也同樣住在這裡，但是並沒有準備奴隸專用的房間。奴隸只能在狹窄的小房間、走廊或廚房角落就寢。

富裕階層的住宅

為了防盜而幾乎不設窗戶

能夠住在廣大土地上的獨棟住宅裡的，僅僅只有一小部分的富裕階層而已，為了防盜所以幾乎不設置對外的窗戶。

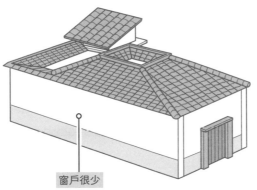

多姆斯
古羅馬是人口過度稠密的城市，能夠在廣大土地上興建住宅的只有一小部分的富裕階層。豪華的裝潢是展現屋主財力的指標。

窗戶很少
為了防盜而建成窗戶很少的構造。

天井（Impluvium）
從傾斜的屋簷流下來的雨水，都會作為備用的生活用水儲存在這裡。

大廳
打通天井的玄關式客廳，設有採光空間，地板中央的下挖式儲水槽裡儲備著雨水。

富裕階級的樂趣，
不外乎別墅度假與泡溫泉

| 相符年代 ▷ | 王政時期 | 共和時期 | 帝制時期 | | 相符階級 ▷ | 皇帝 | 富裕階層 | 自由人 | 奴隸 |

栽種葡萄和橄欖
生產葡萄酒和橄欖油

羅馬帝國的有錢人不只是有72～73頁介紹的多姆斯，大多還擁有別墅（villa）。

例如風景優美的拿坡里灣一帶便是很受歡迎的休養勝地，周遭自然也建有不少別墅。拿坡里灣附近坐落著維蘇威火山，雖然這是座在西元79年大爆發後消滅了龐貝城的恐怖火山，但火山地形獨有的溫泉，令當地得以開闢溫泉設施。有錢人正是為了溫泉才會選在這裡建造別墅。

另外也有別墅建在羅馬城的近郊。對於在羅馬忙碌工作的人來說，這裡是可以療癒都市生活疲勞的最佳場所。

前面介紹的別墅都是注重休閒功能，不過也有很多別墅的目的是為了經營領地。這種類型的別墅一般都附設農場，透過經營農場來賺取利潤。這就稱作大莊園（latifundia）。屋主居留在別墅的期間很短，所以別墅的農場都是由定居在這裡工作的管理員經營，指揮奴隸耕種農作物。這種方式稱作奴隸制大地產經營。

莊園農場裡主要栽種的作物是橄欖和葡萄，別墅裡還設有製造葡萄酒和橄欖油的設施。採收下來的葡萄會釀成葡萄酒，橄欖則會製成橄欖油。

羅馬人也會栽培他們的主食小麥，但小麥可以從土地比義大利更肥沃的行省便宜採購。能夠賺大錢的葡萄和橄欖對別墅來說更為重要。

屋主會在夏季造訪別墅，不只是為了來別墅度假，也有來視察農場營運是否順利的意義。

別墅

富裕階層都能盡情享受鄉村生活

很多富裕人士都擁有別墅，對生活在城市裡的人來說，在大自然的包圍下度過的時光能夠撫慰心靈。

別墅
富裕階層是為了自由自在地活動才會建造別墅，不過這裡也是交給值得信賴的奴隸經營農場的地方。這裡生產的農作物可以為屋主賺進大筆財富。

風景勝地
拿坡里灣周邊可以欣賞優美的海景和壯麗的火山，為知名的溫泉勝地，不只深受富裕階層歡迎，連歷代皇帝也非常喜愛。

美容除毛和護膚，
人人專注追求外貌之美

相符年代 ▷	王政時期	共和時期	帝制時期

相符階級 ▷	皇帝	富裕階層	自由人	奴隸

不分男女都會
精心處理腋毛和腿毛

古羅馬的美容術和化妝技巧十分發達。這些為了追求美麗的技術，深受在會飲中熬夜又暴飲暴食、導致膚況糟糕透頂的富裕階層歡迎。

除了可以呈現出美麗肌膚的白粉，還有眉墨、眼線、口紅等化妝品。

在化妝品之外，當時也開發出卸妝用品。羅馬帝國的代表醫學家蓋倫（Galen），就發明出冷霜的雛型。

現代常見的美容用品當中，膠原蛋白面膜的原型已確定正是源自於古羅馬。博物學者老普林尼（Gaius Plinius Secundus）在其著作《博物志》便介紹以小牛腳骨慢熬40天的汁液來敷臉。

高貴的婦女都會敷面膜、享受按摩與美體服務，美容方法形形色色。皇帝尼祿的妻子、擁有絕世美貌的波培婭（Poppaea Sabina），據說也熱衷此道。

波培婭為了護膚，不只用驢奶洗臉，還會泡驢奶浴。為了在外出時也能持續保養，她總是命人牽著好幾頭驢子陪同出門。

古羅馬的美容術也包含了除毛。剃掉胸毛、腋毛、腿毛等雜毛才是注重儀容的表現。

羅馬的都市生活必備的公共浴場裡，還有專門除理雜毛的除毛師。當時不只是女性，男性除毛也是理所當然的事，所以在公共浴場會有很多人拜託除毛師幫忙除毛。

羅馬帝國的初代皇帝奧古斯都也會除毛，他會用烤過的核桃殼來摩擦小腿、處理腿毛。

美容

上流階級的貴婦會使喚奴隸極力為自己美容

上流階級的婦女會讓奴隸伺候自己穿衣、盛裝打扮。甚至還有人為了早晨的梳妝，而動用100名奴隸。

美體

為了改善會飲中暴飲暴食、熬夜造成的肌膚問題，富裕階層的女性會讓奴隸為自己按摩、化妝，展現出對美的非凡執著。

皮膚會很光滑喔

膠原蛋白面膜

認為皮膚白才美麗的古羅馬人使用的白粉當中，含有會讓皮膚暗沉的鉛，為了改善這個問題，當時也有類似現在的膠原蛋白面膜。

卸妝

要卸掉濃妝是一件大工程。因此而研發出來的卸妝用品，就是現代冷霜的雛型。

好痛！

除毛

男女都會處理全身的雜毛來修飾儀容。普遍都是由公共設施裡的除毛師代為處理，但也有人會用核桃殼摩擦皮膚來剃毛。

古羅馬的公共浴場，是超越溫泉會館的娛樂設施

相符年代 ▷	王政時期	共和時期	帝制時期

相符階級 ▷	皇帝	富裕階層	自由人	奴隸

🛡 皇帝和貴族等上流階級也十分享受公共浴場

古羅馬有大型公共浴場和小型浴場，大型的公共浴場稱作thermae，簡單的小型浴場則稱作balnea，以示區別。

古羅馬除了一部分上流階級以外，家裡通常沒有浴室。所以在公共浴場泡澡沐浴是當時理所當然的日常活動。

羅馬的公共浴場不是單純的入浴場所，也是社交場所。娛樂設施一應俱全，也用於談生意。就連宅邸內設有浴室的皇帝和貴族，也經常造訪公共浴場。

公共浴場的使用方式，是先在入口付費。史料中並未詳細記載入浴的計費方式，只知道首都羅馬的入浴費是成人四分之一阿斯（as，相當於現在的25日圓），

兒童免費。有些浴場也會免費開放，市民都可以輕易享受。

以前男女混浴是基本，不過基於公序良俗的觀念，更衣室和浴室都是男女分開。有些浴場還會規定時段，男女輪流泡澡。

進入浴場後，先在微熱的三溫暖裡暖身，接著到高溫的浴室裡泡熱水澡。等身體變熱以後，再到冷水浴室裡泡冷水浴降溫。

當然，洗澡也是來浴場的目的之一，但當時的人並不會使用肥皂。他們會在高溫浴室裡流汗以後，再將拌了細沙的香料油淋在身上，用刮身器（strigilis）刮除皮膚上的污垢。

除了這類型的洗澡設施以外，公共浴場裡還設有泳池、運動場、圖書館、劇場，可以說是比現代的溫泉會館更豐富的綜合娛樂設施。

洗澡①

浴池以外還附設運動場和劇場

作為市民休閒場所的公共浴場裡，除了浴池以外，還附設了圖書館、運動場等五花八門的娛樂設施。

泳池

在家長悠閒泡澡的時候，會有很多小孩在這裡游泳嬉鬧、度過快樂的時光。

熱水浴室

裡面瀰漫著蒸氣，地暖效果使浴槽和地板都發燙，燙得無法赤腳走在地上。也有人不泡澡，只是坐在長凳上流汗。

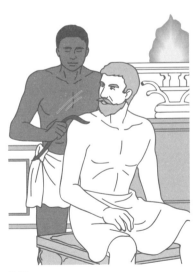

除垢

每天都可以看見奴隸用帶著弧度的棒狀刮身器，幫主人刮除身上污垢的情景。

冷水浴室

冷卻身體用的房間。泡進冷水裡，讓發熱的身體充分冷卻下來。

鎮上的公共浴場多達867家

大型浴場一次可以容納1000名入浴客。
不論身分階級,很多人都會來訪,所以人
潮絡繹不絕,噪音問題也相當嚴重。

泳池

父母在三溫暖或冷水浴
室放鬆時,這裡也充斥
著許多嬉鬧游泳的小孩。

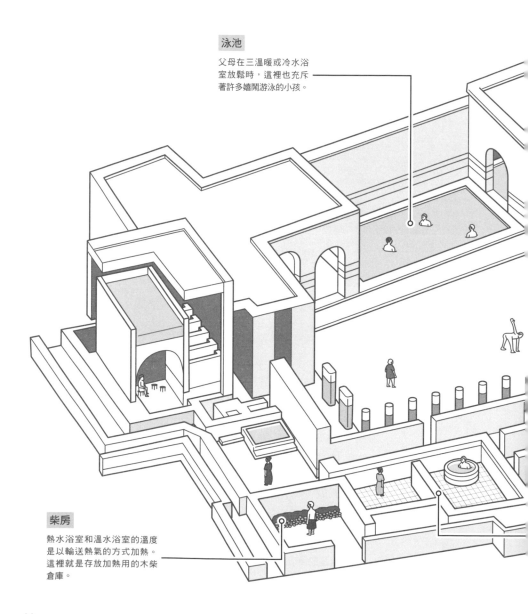

柴房

熱水浴室和溫水浴室的溫度
是以輸送熱氣的方式加熱。
這裡就是存放加熱用的木柴
倉庫。

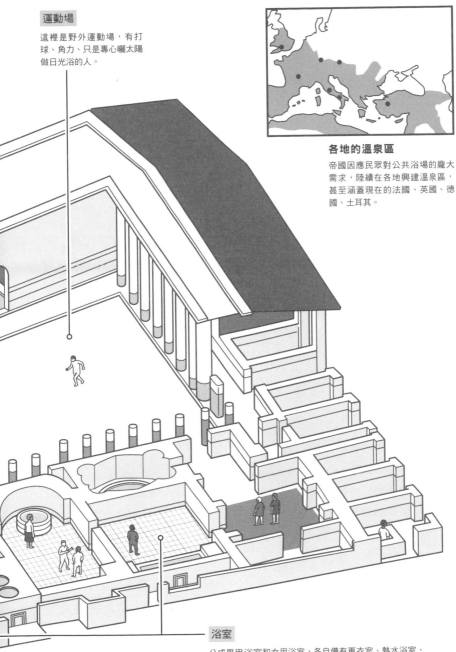

運動場

這裡是野外運動場，有打球、角力、只是專心曬太陽做日光浴的人。

宴會

娛樂

各地的溫泉區

帝國因應民眾對公共浴場的龐大需求，陸續在各地興建溫泉區，甚至涵蓋現在的法國、英國、德國、土耳其。

浴室

分成男用浴室和女用浴室，各自備有更衣室、熱水浴室、溫水浴室、冷水浴室。浴室裡充斥著身分各不相同的人，總是洋溢著歡笑和談天的聲音。

古羅馬最熱門的運動，
是馬拉的戰車競賽

| 相符年代 ▷ | 王政時期 | 共和時期 | 帝制時期 | | 相符階級 ▷ | 皇帝 | 富裕階層 | 自由人 | 奴隸 |

賽車手是大明星
但大多會因意外死亡

古羅馬的熱門運動是戰車競賽，按字面上的意思，就是用戰車競速的比賽。

當時的戰車是指戰鬥用的馬車。在戰車競賽中，會用多隻馬匹拉動的雙輪車來比賽誰跑得快。馬可能有兩匹，也可能有三匹，不過最受歡迎的還是四匹。

比賽用的馬從2歲開始就會接受競賽的專業訓練，5歲後正式上場參賽。參賽的馬可以住進最頂級的馬廄裡，備受呵護。

當起跑信號的號角一響起，柵欄就會打開、戰車開始奔馳。參賽的12輛戰車將各自分成紅、白、綠、藍四支隊伍，賽車手穿著隊伍代表色的襯衣。觀眾揮舞著支持隊伍顏色的手帕，為戰車聲援打氣。

比賽要繞著賽道跑完七圈，每跑完一圈就會拿走場內的巨大蛋型裝置，翻倒海豚型裝置，觀眾一眼就能看出現在是第幾圈。

比賽的大競技場（馬克西穆斯競技場）裡聚集多達15萬名觀眾。可見這項賽事受歡迎程度足以吸引羅馬四分之一的民眾。雖然法律禁止賭博，但依然有不少人樂於下注賭哪輛戰車獲勝。

戰車賽不像劇場和角鬥場，不會依身分和性別區分入場者，人人都可以觀賽。場內還設有皇帝專用席，連皇帝也愛看比賽。

操縱戰車的賽車手都是奴隸或解放奴隸。在戰車競賽中活躍的賽車手，也有人因此成為大富翁。但是，戰車競賽是非常危險的比賽，在比賽中發生意外而死的賽車手非常多。

戰車競賽

伴隨死亡風險、羅馬最熱門的比賽

在比賽當天，會有四分之一的羅馬市民為了一睹為快而紛紛擠入會場。

戰車競賽

這是由奴隸或解放奴隸搭上戰車、策馬奔馳的比賽。比賽分成 4 支隊伍，沿著賽道跑完 7 圈。由於這項比賽十分危險，很多人都因此喪命。

大競技場平面圖

賽道上設有 7 個蛋型的圈數計測裝置，計數方式是每跑完一圈就會取下一個，可以清楚看出已經跑了幾圈。

賭博

也有觀眾會預測哪支隊伍獲勝，下注賭比賽的結果再觀看比賽。

免費的戲劇表演，諷刺和下流題材最受歡迎

| 相符年代 ▷ | 王政時期 | 共和時期 | 帝制時期 | | 相符階級 ▷ | 皇帝 | 富裕階層 | 自由人 | 奴隸 |

🛡 從希臘發源的喜劇在羅馬發揚光大

古羅馬文化在各方面都受到希臘的影響，戲劇也是從希臘傳來的文化，戲劇公演在羅馬的十分盛行，各地都興建了常設劇場。

雖然羅馬的戲劇表演起源於希臘，但兩者的差別是希臘的劇場舞台呈圓形，羅馬的舞台則是半圓形。此外，希臘傳來的劇目都是悲劇，但羅馬卻獨自發展出喜劇、通俗鬧劇（以表情姿態和模仿為主體的戲劇）等劇目。

喜劇和通俗鬧劇的內容都很逗趣，所以比悲劇更受觀眾歡迎。另一方面，通俗鬧劇曾經遭到國家禁止演出。因為劇本含有諷刺政治的元素，或是內容低級下流。演出通俗鬧劇的演員甚至遭到流放也不奇怪。劇場雖然被視為低俗的地方，但正因如此才會廣受平民喜愛。

演員主要是解放奴隸和外國人。不同於現代的演員，古羅馬的演員社會地位非常卑微。

但演員社會地位卑微的反面是收入很高，一場公演的酬勞和軍人半年的薪水差不多。如果是一流演員，年收入甚至和高官相去無幾。

戲劇公演所花的費用是由國家和富裕階層負擔，市民可以免費觀賞戲劇。

相對地，劇場觀眾席會依身分劃分。元老院議員可以坐在第一排，而14排以前坐的都是稱作騎士階級（Equites）的新興富裕階層。另外，公演的贊助人可以坐在舞台旁邊的包廂。不過，還是有很多平民不顧規定、逕自坐到靠近舞台的座位。

戲劇

市民熱衷的大眾娛樂

公演費用是靠國家資金和富裕人士捐款贊助，所以市民可以免費觀劇。

宴會

娛樂

通俗鬧劇以外的演員原則上都是男性
在只有男性演員的舞台上，為了分別演出男、女角，會戴上眼睛和嘴巴挖洞的面具上台演出。

身分卑微卻能領高薪
演員擁有莫大的知名度，還會有狂熱的追星粉絲。他們獲得的報酬多到和擁有公職的人差不多，但社會地位很低，身分大多是解放奴隸或外國人。

市民也為之瘋狂
劇目中最受歡迎的是喜劇，還有以日常生活為題材的通俗鬧劇。有些內容會遭到國家禁止演出，但是卻非常受到觀眾喜愛，劇場中總是洋溢著笑聲。

按照身分區分座位
觀眾席會依身分劃分座位。但還是有富裕的解放奴隸不顧規定、擅自坐到第一排。

至死方休！
競技場上演的壯烈殊死戰

相符年代 ▷	王政時期	共和時期	帝制時期		相符階級 ▷	皇帝	富裕階層	自由人	奴隸

有和野獸的搏鬥
也有自相殘殺的軍艦戰

羅馬角鬥士是電影及其他各種創作經常採用的題材。雖然有些人是自願成為角鬥士，但其中仍有八成是由戰爭的俘虜、罪犯、奴隸組成。

以往認為沒有女性角鬥士，但後來在史料中發現皇帝塞維魯斯（Severus）禁止女性參與比賽的紀錄，以及狀似女角鬥士的青銅雕像，所以主張古羅馬有女角鬥士的論調也變得更為有力。

角鬥士的戰鬥是一對一，直到其中一方死去或投降才會結束戰鬥。投降的角鬥士所展現的勇氣若是受到觀眾肯定，就能保住一命，但大多數的狀況都是被視為輸家而遭到殺死。

角鬥士會根據裝備分成幾個類型。在圓形競技場中，會讓不同類型的角鬥士比賽。主要的類型有手持彎刀的色雷斯鬥士、戴著魚型頭盔的海魚鬥士、帶著手拋網和三叉戟的網鬥士、戴著全罩式頭盔的追擊鬥士等等。

角鬥士的戰鬥是一種為市民舉行的表演，但表演的並不是只有角鬥士之間的戰鬥，角鬥士也會被迫和野獸戰鬥。這時，角鬥士除了一支標槍當作武器以外，連防禦的盾也沒有。

除了角鬥士比賽以外，還有大規模的戰鬥表演。在競技場裡放滿水，放上有一群罪犯搭乘的軍艦，讓他們在船上自相殘殺。在競技場之外的湖泊、河川上也會舉行這種模擬海戰。

勝利的角鬥士可以獲得獎金。有些角鬥士得到高額獎金後會為自己贖身，從奴隸身分解放。

角鬥士

豁出性命的死鬥令羅馬市民為之瘋狂

古羅馬最大型的表演，就是角鬥士互相殘殺。這種生死殊鬥令許多市民狂熱不已。

角鬥士
兩個人全副武裝、手持武器搏命互鬥的場面，令許多人目不轉睛。加入這種表演的角鬥士，幾乎都是罪犯和奴隸。

勝負
戰鬥會一直持續到有人倒下為止。輸家唯一的結局就是死，但也可以投降。

乞求饒命和赦免
輸家投降之際會伸出左手食指，作為乞求饒命的暗示。他的生死是由觀眾決定，若觀眾決定救他一命，就會往上伸出大拇指；若是拇指朝下，就會被殺。

憑一支標槍單挑狂暴的猛獸！

在角鬥場上，也會舉行猛獸和角鬥士的打鬥。激動狂暴的猛獸吼叫令觀眾嚇得倒抽一口氣。

猛獸

馴獸師會將各地捕獲的獅子、熊、鱷魚訓練成會殺人的殺戮武器。

獵捕猛獸

武裝的猛獸鬥士與出柵的狂暴猛獸戰鬥的場面，就像角鬥士的戰鬥一樣，是令觀眾狂熱不已的一種娛樂。

武器只有一支標槍

猛獸有兇暴又強力的爪子和獠牙，加上敏捷的速度，相較之下，角鬥士只能拿一支標槍對抗。

持續到戰死為止

戰鬥會一直持續到其中一方死亡。如果是一對一，有些角鬥士可能會打贏猛獸，但大多數人都是慘遭咬死。

處刑

競技場也是死刑犯的處決地

古羅馬有很多殘忍刻薄的處刑方式，民眾會將囚犯之間的死鬥當作娛樂來欣賞。

公開處決
觀眾會安靜地冷眼俯視猛獸撲抓在會場中四處逃竄的囚犯。

點火焚身
也有點火燃燒活生生的囚犯、讓他痛苦掙扎到斷氣的處刑方式。

戰鬥到死亡為止
還有一種處刑方式，是讓死刑犯彼此戰鬥到死為止。

迫害基督徒
在羅馬帝國初期，會公開迫害基督徒。例如把基督徒綁在柱子上動彈不得，再放出猛獸將他們生吞活剝。

法庭的訴訟審判，
是羅馬人心中最頂尖的娛樂

相符年代 ▷	王政時期	共和時期	地王

相符階級 ▷	皇帝	富裕階層	自由人	奴隸

律師以唱作俱佳的演說博取旁聽大眾的支持

經常開庭審判也是古羅馬的一個特徵。即便只是一丁點小問題也會馬上提出訴訟。

當時的法庭除了法官以外，原告和被告雙方都有律師，還有陪審員、擔任司儀的法務官在場。

在艾米利亞巴西利卡舉行的審判是公開的，可以旁聽觀摩狀況。而且會有許多民眾來到艾米利亞巴西利卡，導致法庭擠滿人潮。審判也是一種娛樂活動，許多人都為之沉迷。

古羅馬的律師一般都精通辯論術。他們會利用精湛的話術吸引聽眾，將審判導向自己期望的方向。旁聽者都十分享受這種戲劇性的話術。

旁聽者是審理過程中不可忽視的存在，當時的審判結果大多都受到旁聽者的反應影響。

如果聲稱嫌犯無罪的律師演說令旁聽者感動到拍手喝采的話，判決可能就會受到現場氣氛影響，而發展成對嫌犯有利。因此會有律師派出暗樁潛入旁聽的人群中帶風向。

追根究底，當時的審判並不能算是以明文法律為依據的公正判決。身分卑微的嫌犯會被判死刑的罪狀，放到身分高貴的嫌犯上，可能就只會被判處流放或沒收財產之類的罰則。

古羅馬會把重罪的刑罰當作一種公開表演，在競技場的人群圍觀之下，讓重大罪犯被獅子或熊生吞活剝。

雖然背後有這些疑慮，不過古羅馬採取的羅馬法體系，後來仍影響了歐洲各國的制度。

審判

旁聽者當中會混入「暗樁」

律師精采絕倫的辯論術吸引了很多人前來觀看，甚至有些律師會在第一排安插自己雇來的暗樁。

辯論技巧和演技

律師講求卓越的辯論術，和足以打動法官和旁聽者的演技。有說服力的辯論、話間的停頓和肢體動作等等，全部都經過精心計算。

不公平

左右判決結果的不是法律，而是身分。身分卑微者會被判處死刑的罪，在身分高貴的人身上就會從輕量刑。

影響判決的旁聽者

如果是值得一聽的法庭辯論，許多民眾都會豎耳傾聽。反之，如果辯論很無趣，旁聽者就會直接離開現場。法官大多是觀察這些反應來下判決。

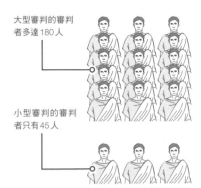

大型審判的審判者多達180人

小型審判的審判者只有45人

審判的規模取決於審判者的人數

每天都在開庭審判的古羅馬，要是訴訟的規模很大，審判者會多達180人，簡單的訴訟則是由45人組成，開庭地點也各不相同。

娛樂的禮法
之11

餐館、浴場與旅店，
任何地方都能賭博！

相符年代 ▷ 王政時期　**共和時期**　**帝制時期**　　相符階級 ▷ **皇帝**　**富裕階層**　**自由人**　**奴隸**

🏛 尊貴如皇帝
也沉迷於骰子賭博

儘管受到法律禁止，古羅馬人依然熱衷於賭博。82～83頁介紹過的戰車競賽、86～88頁介紹的角鬥士戰鬥，也都是賭博的對象。

在比賽當天，莊家會出現在會場外公然號召群眾下注。戰車競賽的回合數很多，每次都會有巨款下注。

戰車競賽經常在回合賽中發生意外，比現代的賽馬和賽車更容易爆冷門。有些人在第一回合贏了，很容易就會得意忘形繼續下大注，結果輸光了身家財產。

而比這種競速和戰鬥的賭博更廣受喜愛的，就是賭骰子。玩法是將兩顆以上的六面體骰子放進甕裡搖晃，比較骰出的數字。除了骰子以外，還有使用骨頭製扁彈珠的賭博。

骰子賭博的方法比較簡單，所以廣受歡迎。還有史料記錄皇帝卡利古拉（Caligula）、尼祿都沉迷於賭骰子。初代皇帝奧古斯都也非常喜歡賭博，甚至會在一天內賭骰子輸掉相當於高官年收入的龐大賭注。

賭骰子的地點包含了旅店、餐館、公共浴場等。這些地方都會另外準備一間密室，以作為賭場之用。

顧客上餐館的目的當然是吃飯喝酒，但也可以參加店內舉行的骰子賭博，或是觀賞唱歌跳舞表演，別有另一番樂趣。

負責上菜的女性會依照客人的需求，從服務生搖身一變成為妓女來賣身，這也是古羅馬的家常便飯。

平民的娛樂方法

追求飲酒、女人、賭博

很多男人會逃離小到令人窒息的住家，聚集到餐館、旅店、公共浴場。

餐館
只設置吧台的小酒館，提供便宜的葡萄酒和簡單的食物，許多店會舉辦歌舞表演。

酒
在充斥著男人的餐館裡，連喝好幾杯葡萄酒的醉漢會彼此開著猥褻的玩笑。

賭博
儘管法律禁止賭博，還是有很多人樂於花大錢下注。特別受歡迎的骰子賭博，連皇帝都愛不釋手。

女人
女服務生和舞女回應客人的要求、搖身一變成為妓女，是很稀鬆平常的事。還有很多店備有「密室」供這些男女共度春宵。

羅馬人必去的觀光景點，就屬埃及金字塔！

相符年代 ▷	王政時期	共和時期	帝制時期

相符階級 ▷	皇帝	富裕階層	自由人	奴隸

羅馬人會前往希臘或埃及享受旅遊

羅馬帝國建立了地中海帝國後，人民可以在領土內安全地移動。在這個情勢下便孕育出許多享受觀光的人。

最受歡迎的旅行地點，就是希臘和埃及。

當時的希臘是羅馬的行省（義大利半島以外的領土），當地文化大幅影響了羅馬，所以觀光客都會想要造訪希臘、感受發源地的歷史。

希臘與神話有淵源的知名地點都很熱門。觀光客會造訪帕德嫩神廟的所在地、象徵古雅典的衛城，還有引發特洛伊戰爭的美女海倫的墓等景點。

如果是到埃及旅行，遊客可以體會到不同於希臘和羅馬的文化。現代也很受歡迎的金字塔，在當時就已經是必去的觀光景點，甚至還有人登頂。

其他的熱門景點還有亞歷山大大帝陵墓、亞歷山大圖書館。亞歷山大大帝是西元前四世紀馬其頓（位於希臘北方）的國王，曾經征服波斯、埃及，勢力逼近印度，建立起龐大的帝國。以他為名的圖書館建於後繼的埃及托勒密王朝首都亞歷山卓，是古代規模最大的圖書館。

提到埃及，尼羅河的鱷魚也相當有名，還有經過調教的鱷魚登台表演才藝。

當時的人也和現在一樣，手裡拿著旅遊導覽書四處遊玩。書籍中評價最好的是由地理學家保薩尼亞斯（Παυσανίας）所寫的《希臘志》。此外，神廟也提供付費的祭司導覽服務。

旅行

來一趟眾神所在的「聖地」巡禮

在信仰多神教的古羅馬，人民崇敬的眾神事蹟發源的城市，是很受歡迎的旅遊地點。

希臘

許多富裕階層是為了希臘神話的英雄和女神而來訪，參觀各個遺址以緬懷希臘偉大的歷史。

埃及

對羅馬人來說，埃及是充滿異國情調的國度。在必訪的觀光景點金字塔，甚至還有人攀到頂端一探究竟。

導遊

羅馬人是靠著旅遊家所寫的書籍來獲得資訊，當地的神廟也有祭司親自提供付費的導覽服務。

伴手禮

觀光客會選擇當地特有產品作為伴手禮。最受歡迎的是蜂蜜、玻璃器皿、莎草紙、小瓶裝的尼羅河水。

與皇帝共度良宵的床伴，也包含高級娼妓？

相符年代 ▷	王政時期	**共和時期**	**帝制時期**

相符階級 ▷	**皇帝**	**富裕階層**	**自由人**	奴隸

🛡 皇帝寵愛的高級娼妓與當妓女的皇后

娼妓有最古老的行業之稱，古羅馬的賣春產業也十分發達。

成為娼妓的女性並不少。其中大多是因為天災或傳染病而失去丈夫和親屬、被迫賣淫為生的女性，不過也有人是為了高收入而迫使奴隸賣春。

前往風月場所尋歡的男性，包含法律禁止結婚的軍人，或是眾多晚婚的男性，他們為了滿足性慾就會到這些地方當嫖客。

羅馬也有男娼，價位比妓女更高，但工作年數很短。因為羅馬社會有著「由上層階級抱下層階級」的風俗，當男娼的體格成長健壯後就不能再繼續賣淫了。

此外還有戶外的流娼，例如在墳場招攬嫖客的「守墓女」，但還是以妓院工作的娼妓居多。

有些妓院設在貧民窟，也有招待富裕人士的高級妓院。在高級妓院裡工作的高薪妓女通常才貌雙全，具備演奏樂器、舞蹈等才能，也會受邀在會飲上表演。

有些娼妓深受皇帝的寵愛。第二代皇帝提貝里烏斯（Tiberius）寵愛的妓女芙蘿拉（Flōra），在去世時將龐大的遺產捐贈給羅馬帝國，所以將她奉為女神，甚至還為她建造神廟。

據傳還有皇后賣淫的例子。第四代皇帝克勞狄的王后梅薩利娜（Valeria Messalina）無法從外遇滿足性慾，選擇到妓院接客。

高級妓女雖然收入很高，但服裝等用品卻很花錢。若是沒有存夠資本，老年生活會很悲慘。年老的妓女會被逐出妓院，甚至淪落到在墳場接客維持生計。

妓院	**除了妓女以外也有男娼**
	因為詳細的法律限制而無法結婚的男性，排解慾望的管道十分有限。

四處徘徊的妓女

因角鬥士的戰鬥或其他血腥表演而情緒激昂的男人，大多處於亢奮狀態。妓女就是看中這一點，才選在競技場四周賣春。

男娼的需求也很高

古羅馬沒有同性戀和異性戀之分。上流階級的男性會購買美少年奴隸來服務自己，當作奢華的嗜好品玩弄。

要忍耐…

隨時都要控制食量

當時的美麗條件是白皮膚和削瘦的體型。把自己的身體當作商品的妓女，必須一直控制飲食並運動，以保持勻稱的身材。

轉做妓女的皇后

荒淫無度的皇后梅薩利娜，會與長相和自己極為相似的妓女交換身分、前往夜晚的風月場所。

明知犯罪，
卻依然情不自禁出軌

被迫扮演賢妻良母的太太也有慾望

在古羅馬，未婚女性的義務是必須守貞，已婚女性則是要當個賢妻良母。但是，仍有些已婚女性無法忍受自己處於欲求不滿的狀況。舉例來說，如果丈夫晚婚，性慾會隨著年齡增加而減退，無論如何都無法滿足妻子。

除此之外，當時並沒有DNA鑑定的技術，無法證明懷孕所生的孩子其父親是誰，因此有很多慾火焚身的女性鋌而走險外出偷情。皇帝知情後便制定了通姦罪，設法撲滅外遇問題，但還是有不少女性為了逃避罪狀而謊稱自己是娼妓，或是和外遇對象私奔。

此外，也不乏皇帝的女兒夜夜設宴濫交而被放逐，還有皇后成為妓女的案例。

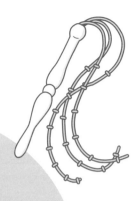

3章

奴隸的禮法

羅馬帝國當然也有奴隸，他們是支撐羅馬繁榮發展的珍貴勞力。他們雖然身為奴隸，但也能擁有正規的飲食、獎賞和休假，並不只是一味做工勞動而已。這一章，我們就來解說奴隸的生活型態。

占帝國人口三成，
只要在市場就能買到的奴隸

| 相符年代 ▷ | 王政時期 | 共和時期 | 帝制時期 | | 相符階級 ▷ | 皇帝 | 富裕階層 | 自由人 | 奴隸 |

購買奴隸之前
首要考慮健康和出身

在現代社會，奴隸是無視人權違反道德的制度；但是在古羅馬帝國，奴隸卻占了三成人口，在當時就是如此理所當然。

奴隸的主要來源是戰爭，他們都是從義大利半島以外的地方帶來的俘虜。孩童奴隸當中，也有因貧窮而遭父母遺棄而淪為奴隸的例子。此外，也有人沉迷於賭博、酒與男歡女愛，無力償還巨額貸款，只好成為奴隸。

這些奴隸都可以透過商人直接購買，或是在奴隸市場選購。市場上的奴隸會掛著木牌，寫上名字、出生地和身體特徵，有意購買者會根據名牌內容，或是向經營市場的商人打聽資訊，藉此來選購奴隸。

一般來說，好奴隸是家內出生奴隸。這是指已經有主人的女奴隸所生下的孩子，是主人的所有物。他們一出生就是奴隸，自然而然接受自己的奴隸身分，並不會為此而苦惱，通常能成為效忠主人的好奴隸。

反之，壞奴隸是指義大利半島（尤其是羅馬市）出身的人。雖然在這個時代會淪為奴隸的人都有各自的苦衷，但主人和奴隸的出身屬於同一民族，內心難免會有疙瘩。相對地，很多買家在選購奴隸時，通常也都會排除羅馬市出身的人。

奴隸平均價位如下：成年男性是1000塞斯特提烏斯幣，超過60歲和未滿8歲要價400塞斯特提烏斯幣。四人家庭一年最低限度的生活費是500塞斯特提烏斯幣，可見奴隸非常昂貴。

奴隸市場

公然進行的奴隸買賣

在連日買賣奴隸的奴隸市場，人潮總是絡繹不絕。

大家看過來
看過來

奴隸市場的情景

在奴隸市場裡，女性和小孩排成一列，奴隸商人在舞台上宣傳每個奴隸的特徵，設法哄抬售價。

青銅製的名牌

青銅製的名牌也會在奴隸逃亡時當作逮捕令使用。

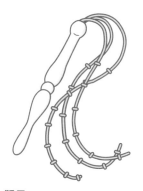

鞭子

調教奴隸時會使用鞭子，鞭打犯錯的奴隸身體。

奴隸主要是戰爭俘虜

成為奴隸的都是在戰爭中敗給羅馬的俘虜，大多是希臘人、日耳曼和努比亞人。

市民也可能淪落成為奴隸！

有些人是從小被雙親拋棄、不得已才成為奴隸，也有人是自甘墮落、生活混亂而成為奴隸。

遭到父母拋棄的小孩

在極為貧窮的家庭，會有小孩遭到父母拋棄、流離失所，而被當作奴隸出售。

沉迷賭博者

有些人過度沉迷於角鬥士的比賽、戰車競賽、骰子這些賭博活動，結果債台高築。

酒鬼

每天總是飲酒過量的人連生活費都花光，只好賣身當奴隸。

迷戀異性者

也有人把財產都花在女人或男人身上，無法周轉而成為奴隸。

奴隸的好壞

乖巧能幹的奴隸和我行我素的奴隸

奴隸的出身地各不相同，好奴隸和壞奴隸也有明確的分別。

好奴隸
一出生就是奴隸，所以自然而然就能學會奴隸的禮法。對主人來說十分乖巧能幹。

壞奴隸
原本是一般市民或貴族，所以身為奴隸的自覺很低，難以使喚。

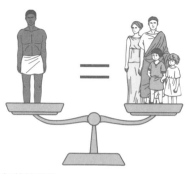

奴隸的價格
四人家庭一年最低限度的生活費大約是500塞斯特提烏斯幣。奴隸的價格是400～1000塞斯特提烏斯幣。

羅馬FILE

奴隸商人也需要銷售技巧

奴隸需要從事繁重的體力勞動，外表弱不禁風就會滯銷，所以奴隸商人也會花心思包裝商品，像是讓瘦弱的奴隸穿上較大的衣服、顯得體格健壯，偽裝一番。

只要具備較高學識，
奴隸也能充當家庭教師

相符年代 ▷	王政時期	共和時期	帝制時期

相符階級 ▷	皇帝	富裕階層	自由人	奴隸

農場內的肉體勞動和
市內宅邸的輕鬆工作

奴隸的工作分為兩種，在農場工作和在都市宅邸裡工作。農場工作包含栽培農作物相關的所有勞動，從耕田、播種、灌溉到除草、修剪、收穫，還需要製作陶器和農具，加上整理和清掃。戶外工作主要由男奴隸負責，女奴隸則是擦拭家具、洗衣，如果主人飼養羊，還會要求奴隸做羊毛加工。羅馬城外也有雇了數千名奴隸工作的大型農場。

在羅馬市內的宅邸，奴隸的工作是照顧主人一家的所有生活起居。中等階級以上的家庭裡，奴隸會充當女僕、奶媽、傭人。教育程度較高的奴隸，甚至還會當主人孩子的家庭教師，擔任朗讀、書信代筆等祕書的工作。

女奴隸會服侍女主人著裝、保養，從幫忙更衣到梳理髮型和化妝等裝扮工作，都會交由能幹的奴隸來做。當時會使用唾液來溶解化妝顏料，因此為女主人的化妝品提供自己的唾液也是女奴隸工作的一環。她們奉命保持唾液清潔，必須勤於在口中含著香草以維持口腔衛生。在富裕階層的宅邸內，不論男女都幾乎不需要從事農場那樣的肉體勞動。工作不僅輕鬆，休息時間也多，可以算是幸福的職場環境。

此外，除了個人私有以外，也有隸屬於國家或都市的奴隸。這種國有奴隸會在公共設施工作、從事公共事業。如果是受過教育的奴隸，也會在辦事處裡做行政實務和輔助的作業。不管是什麼樣的工作，「具備一技之長和經驗才有用」。

奴隷的工作

奴隷的工作內容令人吃驚！

有些奴隷一整天都被迫從事粗重的肉體勞動，也有奴隷照顧貴族的生活起居、擔任祕書。

管理與活用

性與罰

自由與叛亂

在農地工作的奴隷
古羅馬的莊園農場也有多達數千名的奴隷工作。他們負責栽種農作物，從事嚴苛的肉體勞動。

當家庭教師的奴隷
住在城市地區、教育程度很高的家庭內，有些奴隷會充當孩子的家庭教師，或是做祕書的工作。

做家事、打掃的奴隷
在中等階層以上的家庭裡，奴隷通常會成為照顧一家大小生活起居的女僕或傭人。

照顧夫人的女奴隷
幫女主人化妝、做髮型、著裝打扮的工作都會交給能幹的女奴隷。

獎賞是乳酪配葡萄酒！
奴隸也有資格享受美食

相符年代 ▷	王政時期	共和時期	帝制時期

相符階級 ▷	皇帝	富裕階層	自由人	奴隸

激發奴隸幹勁！
供餐方法和職責區分

奴隸是高價商品，問題在於要如何提高性價比。如果讓奴隸從事粗重勞動，又不給予充足的飲食，他很快就會累垮。這種待遇會養成奴隸的反抗心，變得難以管理。除了礦山等特殊場所，鮮少有奴隸遭到暴力對待。

例如，主人不會毫無理由停止供餐，會給他們簡樸的飲食。對奴隸主人來說，在他們熟悉工作前儘量讓他們吃飽才是上策。主動誇獎奴隸也是一大重點，飯後的滿足感和讚美可以提高奴隸的工作動力和對主人的忠誠。在奴隸精通整套工作流程後，就會換成與勞動相應的餐食分量。因為若是給從事不同工作的奴隸提供相同飲食，肯定會有人偷懶。

而且，工作努力的奴隸還會獲得獎勵。獎勵主要是加菜或主人晚餐的剩菜，偶爾可以享受奴隸用的葡萄酒配乳酪。除了獎勵，還有休假、特別獲准飼養自己的雞豬、採收莓果自用等等。

主人在管理奴隸上，職責的區分非常重要。賦予奴隸職責後，要讓他認知到自己對這份工作的責任。如此一來，他才會產生必須用盡全力去做的幹勁。

尤其是在農場，管理員監督其他奴隸的職責格外重要。當農場的規模變大，主人就會移居到都市地區，全權處理農場雜務就成為管理員的工作，負責經營農場和管理奴隸。這時，管理員要依據自己的親身經驗（參照108～109頁）來工作。主人的策略就是替同為奴隸者賦予不同的立場，讓管理員監督下人。

奴隸的管理和運用

妥善管理奴隸

主人不會利用恐怖手段管制奴隸，而是適度運用糖果和鞭子的法則，讓他們有效率地工作。

一般勞動者20kg　　重度勞動者30kg

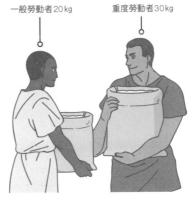

新奴隸有好待遇

在新奴隸熟悉工作流程以前，先給他們優良的待遇，目的是減少奴隸的反抗心態、提高動力。

可獲得大量小麥

一般勞動者每個月可領取20kg小麥，重度勞動者則領取30kg，並且每個奴隸都能獲得充足的飲食。

奴隸可以獲得的獎勵

豬

雞

乳酪

葡萄酒

羅馬 FILE

奴隸用的葡萄酒釀造方法

將搗碎的葡萄和濃醋以10：2的比例倒入酒桶，然後再加入同比例煮沸的葡萄酒和醋，接著倒入葡萄分量5倍的飲用水。每天攪拌3次，持續攪拌5天後，再倒入海水、加蓋密封，靜置發酵10天後即完成。

管理員的經驗法則

奴隸的領導者

在農場管理、帶領眾多奴隸的「管理員」，需要背負不同於一般奴隸的職責。

早起晚睡

睡前必須確定所有奴隸都已入睡，或是檢查農場裡還有沒有其他問題，才能就寢。

不得隨便離開領地

需要隨時掌握領地內的所有事務，設法理解奴隸的心思。

不得偏袒特定的奴隸

奴隸的工作表現良好就給予獎勵，失敗則給予處罰，做到公平管理。儘量避免不必要的問題發生。

避免奴隸受寒與飢餓

管理奴隸的健康狀況，好讓奴隸可以充分工作。另外也要提供充足的糧食。

不得借錢給奴隸

未經主人許可，禁止借貸金錢。即使獲得許可，也會奉命要求奴隸立刻還錢。

檢查帳簿

和主人一起定期檢查帳目是否造假，這也是管理員的工作。

平息領地內的糾紛

有些奴隸會衝動爭吵，所以管理員要嚴格注重避免發生問題。

你這個
蠢貨！

處罰犯錯的奴隸

依照財產損失的程度，適度處罰犯錯的奴隸。

獲得主人的許可，
奴隸便得以結婚

相符年代 ▷	王政時期	共和時期	帝制時期		相符階級 ▷	皇帝	富裕階層	自由人	奴隸

主人認為奴隸之間的婚姻往往利大於弊

在古羅馬時代，主人都會認為奴隸是可以任由自己差遣的個人財產。所以，如果有自己中意的奴隸，要求與對方發生性關係也是理所當然的事。即使對象只是少年、少女的未成年奴隸，也是一樣，他們的生殺大權都掌握在主人手中。

基於這種時代氛圍，年輕女奴隸應主人要求陪睡，結果懷了主人的孩子也不稀奇。儘管是主人的孩子，女奴隸生的孩子還是奴隸。一般而言，孩子會在主人的宅邸裡以奴隸的身分工作，但要是孩子體弱多病，或是不需要再增加奴隸時，身為母親的女奴隸可能就會遺棄孩子。

在當時奴隸之間結婚的例子也很多。由於法律上並不承認奴隸的婚姻，所以是屬於由主人認定的事實婚姻。婚姻獲得認可的奴隸會感謝主人，更忠誠地努力工作。奴隸之間若是生下孩子，就是家內出生奴隸。主人因此得到更多願意熱忱工作的奴隸，又能新增有前途的年輕奴隸，好處多多。然而，還是有主人不允許奴隸結婚，這通常是因為這些奴隸很叛逆、性格暴戾等缺點。

反之，有些主人會主動撮合奴隸中相配的一對、成為讓他們結婚的媒人。如果是要為負責監督農場的管理員配對，主人會花很多工夫幫他物色對象。通常會選擇脾氣好又聰明，忠心又有正義感，支持丈夫事業的女奴隸。由於這個奴隸擁有管理員的重要地位，所以遠比單純分配婚姻對象要具有更深遠的意義。

奴隸與性

主人和奴隸的性事

主人通常會和中意的奴隸發生性關係，很多奴隸也會欣然接受。

今晚
要不要啊？

高價買來的少年少女
有些貴族迷戀美少女或美少年，甚至不惜高價買下。

女奴隸懷孕的例子
女奴隸可能會懷上主人的孩子，生下的孩子還是奴隸身分，但可能會比其他奴隸更受到疼愛。

奴隸之間的婚姻
奴隸之間的婚姻會根據主人的判斷而獲得認可。好處是生下的孩子往往會是順從的奴隸。

不承認結婚的例子
有態度叛逆、性格暴戾等特徵的奴隸，都不會獲准結婚。

主人不必親自動手，
代為鞭打奴隸的特殊職業

| 相符年代 ▷ | 王政時期 | 共和時期 | 帝制時期 | | 相符階級 ▷ | 皇帝 | 富裕階層 | 自由人 | 奴隸 |

鞭打、烙印、項圈以外
還會送到礦山或餵猛獸

奴隸如果做出違法行為或是觸怒了主人，遭受體罰是理所當然的事。反抗主人、違反規定等比較輕微的過錯，最常見的處罰是鞭打。主人會親自鞭打，也可能委託專業的體罰外包業者，付出4塞斯特提烏斯幣的酬勞代為鞭打。因為有一定人數的富裕羅馬市民，不願意弄髒自己的手。

如果是有適當理由的處罰，那就沒有爭議，但有些主人卻是藉機做出虐待的行為。因此，也有奴隸遭受主人的苛刻待遇而到神廟申訴。祭司和政務官會評估奴隸的申訴內容，做出裁決。若事實正如奴隸所述，奴隸就會被賣給其他人，錢則是支付給原本的主人。如果奴隸的申訴遭到駁

回，就必須回到主人的身邊。

前面提到的例子都是個人購買的家內奴隸。至於犯下重罪的奴隸，處罰就是送到礦山或槳帆船上做粗活，在殘酷的勞動環境下工作至死。此外，還有稱作猛獸刑的公開處刑方式，把奴隸丟到競技場上讓猛獸捕食，在當時是屬於一種表演。

每當有一名奴隸逃離，常引來其他奴隸接二連三嘗試脫逃。逃離的理由多半是不滿待遇、工作辛苦，甚至還有無法接受奴隸身分而逃亡的例子。無論是什麼理由，對主人來說都是很頭痛的問題。有的主人會開出懸賞金，在市場張貼通緝廣告，同時委託專門業者、當地官員或有力人士協尋逃亡奴隸。找回奴隸後，會強制給他戴上項圈，並在臉上烙印記號，以防二度逃脫。

體罰外包業者

嚴格處罰違規的奴隸！

如果是比較輕微的罪狀，處罰就是鞭打。有些主人會自行鞭打，也有人會請人代勞。

體罰以儆效尤
「體罰外包業者」會代替主人鞭打奴隸。在高台上公開處刑，目的也是為了警告其他奴隸。

好痛啊……

聘請體罰外包業者的理由①
目的是要防止主人傷到自己。有些主人會因為鞭子甩到自己而受傷，或是在揍臉時弄痛拳頭。

聘請體罰外包業者的理由②
過度的體罰可能會激怒奴隸，憤而去神廟申訴。聘請代理人的話，主人就可以冷靜地執行體罰。

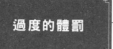

過度的體罰

體罰過度可能會被告，要小心

犯罪的奴隸會依照罪狀受到相應的處罰，但不允許過度不合理的殘酷刑罰。

獅子的誘餌
犯了重罪的奴隸會經過公正的審判後處以「猛獸刑」，特意送去當作獅子的餌食。

好了，
永別吧

從高處推落
有些精神失常的主人，會從二樓的窗戶將
奴隸推落，造成生命危險。

這都
是妳的錯

用筆刺傷眼睛
心情惡劣的主人一怒之下，將手中的筆
向奴隸的眼睛。

逃脫

奴隸逃脫在所難免？

奴隸會趁著戰爭或政局動盪之際，躲避主人的法眼逃亡，令主人十分困擾。

奴隸逃脫
即使主人提供充足的食物和休養時間、用心照顧，奴隸逃家依然是家常便飯。

搜尋逃亡奴隸的業者
有些專門業者會訓練狗尋找逃走的奴隸。雖然要價高昂，但依然有主人不吝委託。

施法的巫師
還有主人願意花時間和金錢，請人對逃亡者詛咒施法。

落網的奴隸
遭逮捕的奴隸會戴上銅板項圈或是在臉上烙印，以防再犯。

節日與特殊慶典，
奴隷可享受主人般的待遇

相符年代 ▷ | 王政時期 | 共和時期 | 帝制時期   相符階級 ▷ | 皇帝 | 富裕階層 | 自由人 | **奴隷**

 ## 奴隷只要抽中籤王
就能短暫稱王

雖然奴隷為主人不眠不休地工作，但有時候也能肆無忌憚地放鬆。那就是在 12 月 17～23 日為祭祀農神薩圖爾納利亞（Saturnalia）而舉辦的「農神節」慶典。這段期間可以不拘禮節，奴隷也能破例自由活動。

慶典儀式會在神廟舉行，全羅馬的人民都會盡情喝酒唱歌、喧囂連天。唯有在慶典期間，奴隷可以獲准公然賭博，頂撞主人也不會遭到追究。而且，慶典期間的羅馬不分階級，價值觀會徹底顛覆，有主人和奴隷、男和女在言行上交換社會地位的習俗。像是奴隷比主人先用餐，並且由主人負責上菜服侍。

不僅如此，還有個稍嫌過火的風俗習慣，就是讓奴隷抽籤決定由誰當國王。抽中的奴隷會戴上王冠和披風扮成國王，可以下達奇怪的命令。而慶典最後的高潮，就是殺死國王的儀式（但並不會真的殺），這個短暫的立場反轉狀態也就此結束。

雖然所有奴隷都非常享受這個慶典，但有些主人卻很不習慣立場反轉。如果是隨和的主人，就會主動加入奴隷的圈子裡帶動氣氛。這項風俗有助於緩解主從關係造成的緊張，建立良好溝通交流的一面；但也有些主人會遠離歡騰的人群，獨自待在房裡。或許對奴隷來說，主人不在場會比較能放開心胸任意吵鬧吧。

不論哪一種主人，最傷腦筋的時刻都是在慶典結束後。因為他們需要設法讓奴隷擺脫歡鬧後的餘韻，回歸平常規律的生活。

節慶時刻

每年一次盡情放縱的日子

奴隸可以盡情喝酒唱歌、大肆喧鬧，不論說什麼話基本上都會得到原諒。

像一般市民一樣自由自在

奴隸可以隨意喝酒吃飯、酒醉吵鬧，也可以玩遊戲和賭博，所以他們會當著市政官的面公然搖骰子。

哈哈…

反抗主人也沒關係

只有這天可以以下犯上，頂撞主人也不會被追究。

扮國王遊戲

還有讓中籤的奴隸扮成國王、下達奇怪的命令，開惡劣玩笑的習俗。

不滿強制勞動，
奴隸聯合發起大暴動！

相符年代 ▷	王政時期	共和時期	帝制時期

相符階級 ▷	皇帝	富裕階層	自由人	奴隸

殖民地西西里島的暴動與大規模的斯巴達克斯起義

　　古羅馬時代有大量戰勝抓來的俘虜可充當奴隸，本國和殖民地（行省）的奴隸頓時暴增。可是很多俘虜不願服從，埋下暴動的隱患。最早的暴動發生在西元前二世紀末的行省西西里亞島。

　　行省的農地會歸為國有，富裕階層可以便宜租借這些土地，於是建立大莊園制，大地主會下令奴隸耕種這片土地。西西里島也有很多在大地主的農場裡做粗活的奴隸，他們的臉上有烙印，雙腳栓著枷鎖和鉛錘，心中鬱積著對主人的怨恨。除了農業奴隸以外，照顧家畜的牧夫也愈發不滿，開始成群結隊拿起武器搶劫。接著農夫和牧夫奴隸串通起來，逐漸發展成為暴動。城鎮遭到破壞，死者不計其數。儘管奴隸集團獲得了小規模的勝利，但最終仍遭到羅馬軍鎮壓。

　　西元前一世紀，義大利半島本土發生奴隸暴動中最著名的斯巴達克斯起義。逃出角鬥士訓練所的斯巴達克斯（Spartacus）號召逃亡奴隸，組成大型叛軍與羅馬軍交戰。他們的野心並沒有大到想要建立奴隸國家，起初他們只是想要回到自己的故鄉、重獲自由。各地心懷不滿的奴隸陸續加入，使叛軍成為一大勢力，很大因素在於斯巴達克斯是一個極為能幹的指揮官。雖然叛軍奮戰長達三年，但最後還是被羅馬軍擊潰。

　　斯巴達克斯起義過後，就再也不曾發生大型的奴隸暴動。不過這些暴動也成為改善奴隸待遇和權利的一個契機。

暴動

不可輕忽！奴隸起義

要是過度粗暴、虐待奴隸，他們就會用盡手段，反抗主人和執政者。

奴隸暴動

待遇苛刻而累積怨恨的奴隸，會成群結黨掀起暴動、放火燒街，要求改善待遇。

農業奴隸的暴動

擅長使用農具的農業奴隸，會拿起農具發起暴動。

羅馬 FILE

散播主人八卦的奴隸

有的奴隸會隨意對街上的市民散播主人的壞話或八卦傳聞，試圖破壞主人的聲譽。

從奴隸升格為公民，
解放前提是主人要納稅

相符年代 ▷ | 王政時期 | 共和時期 | 帝制時期 |　　相符階級 ▷ | 皇帝 | 富裕階層 | 自由人 | **奴隸**

奴隸可因主人遺言而獲釋 解放奴隸對主人也有益

獲釋的奴隸可以成為羅馬公民（自由人）。獲釋的方法最常見的例子就是依照主人的遺言，在主人死後，為了回報奴隸過去的忠誠勤勞而解放。

也有主人在生前解放奴隸的例子。解放的年限各不相同，有人是 5 年，也有人長達 20 年。如果是女奴隸，大多是嫁作主人之妻而獲得解放。在這種狀況下，必須防範女奴隸獲釋後與其他男人私奔，千萬不能忘記將結婚加入解放的條件之中。

解放奴隸時，官方手續上需要在政務官的面前用棍棒最後一次敲打奴隸，代表取得認可。不過用棍棒打奴隸只需要做做樣子就好了。另外，解放時必須支付奴隸價格的5%當作稅金，當然不得免除。

還有一個方法，是付錢給主人以獲得解放。通常是奴隸自己存錢為自己贖身，其他比較常見的是奴隸情侶的其中一人獲釋，再用錢贖回伴侶的例子。

上述這類奴隸的獲釋狀況常見於家內奴隸，他們比較容易和主人建立起良好的關係，自然獲釋機會比較多。除此之外，在農場勞動的奴隸頂多只有領頭的管理員得以獲釋。考慮到勞力補充的問題，解放一般奴隸對主人的損失太大。遺憾的是，一般農場的奴隸大多數都只能夜以繼日地工作，終其一生都是奴隸。

不過，奴隸獲釋後，仍會維持主人當保護者、解放奴隸當庇護者的關係。擁有很多庇護者才有利於選舉，對主人也有益。

解放奴隸

奴隸也可以夢想自由

奴隸未必終其一生都是奴隸。有些奴隸可以憑著長久以來認真工作，而獲得一般公民的身分。

死後獲釋
根據主人的遺言，只要在主人去世後就能從奴隸的身分解放。這是解放奴隸最基本的方法。

成為主人的妻子
也有主人會迎娶女奴隸為妻，只要確實採取措施，防範女奴隸和其他男人私奔，就能解放她的奴隸身分。

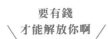

要有錢
才能解放你啊

解放奴隸需要納稅
奴隸價格的5%是解放奴隸所需的稅金，而且不得免除。

解放的年限各不相同
奴隸獲釋的年限沒有固定的基準，有人5年就獲釋，也有人花了20年。

想留下自己活過的痕跡！
奴隸的喪葬事宜

由葬儀互助會籌措喪葬費

在古羅馬，一般公民死後會集中葬在地下墓穴（catacumba），墓碑上會刻著墓誌銘，讓遺族將故人銘記在心，然而最底層的人民和奴隸卻沒有這種待遇。

他們死後，遺體只會被丟進深度約10公尺的大坑（puticuli）裡。直到進入帝制時期後，這個風氣才開始產生變化。他們希望就算再簡單也要舉行葬禮，於是組成了葬儀互助會。入會者每個月都要繳納少許會費，儲蓄死後由互助會幫忙舉行葬禮、埋葬在地下墓穴的經費。所幸有這個組織，漸漸地有愈來愈多底層人民和奴隸可以像一般公民一樣，獲得同等待遇的葬禮、有人幫忙料理下葬事宜。

4章

帝國軍的禮法

羅馬帝國是古代歐洲的霸主。這一章,我們就來解說建立
如此霸權的羅馬帝國軍的軍事與士兵的日常。包含入伍的
流程、軍隊的組織架構、士兵的例行公事、訓練、會戰的
作法、武具和裝備等等,揭露羅馬強大軍事力的祕密。

帝制時期以前，
羅馬士兵得自備武器上戰場

相符年代 ▷	王政時期	共和時期	帝制時期

相符階級 ▷	皇帝	富裕階層	自由人	奴隸

兵役是羅馬公民的義務
同時也是權利

推動古羅馬成為地中海霸主的原動力，最重要的就是軍事能力的強盛。在成功統一義大利半島的西元前三世紀，羅馬的人口推測將近有100萬人，其中可以從軍的成年男子人數推測約30萬人。再加上同盟國的士兵，羅馬可以動員100萬士兵。就算是曾經坐擁從歐洲到印度河廣大疆域的古希臘亞歷山大大帝，能夠動員的士兵數量也只有大約5萬人。當時的羅馬就是具有輾壓群雄的龐大軍事力量。

其實在帝制時期以前，羅馬並沒有常備軍隊，職業軍人是直到共和末期才出現。此前都是市民自備武具組織軍團（legio）。在王政時期，第六代國王塞爾維烏斯（Servius Tullius）依照人民財產編制不同的部隊，各部隊配備的武具種類也各不相同。羅馬的戰法是以重裝步兵為中心，延續古希臘以來的重裝步兵戰術。自備裝備需要相當大的財力。

共和時期，擁有財產的17～46歲男性公民有兵役義務，同時也是權利。成為軍團的一員，也就代表擁有政治發言權。沒有財產的人雖然得以免除兵役，但也意味著他們既然無力準備裝備，也就沒有資格從事軍務。

帝制時期的初代皇帝奧古斯都屏棄戰爭爆發時才集結兵力的作法，改建常備軍。最早只有25支軍團，到三世紀上半葉增加到33支。基本編制是每600人組成一支步兵隊（cohors），一支軍團約5400人，主要駐紮行省（本國以外的領土）。

羅馬軍

只有富裕人士才能當兵

有財力的人會成為羅馬軍人，並獲得政治上的權利。羅馬藉此建構了龐大的軍事體制。

武具需要自費籌備

在帝制時期以前的時代，裝備並非由國家提供，而是必須自己設法籌備，否則就無法當兵。只有具備財力者才能從軍，並且擁有政治上的權力。

擅長標槍戰術

羅馬軍擅長使用標槍的戰術。他們會組成緊密的陣形，從盾牌的間隙刺出約3～4公尺長的標槍攻擊敵人。

軍團

羅馬軍的兵力

羅馬軍的一支軍團內，包含4200～5000名士兵、300名騎兵，再加上同盟國的輔助部隊。每支軍團都由30隊（manipulus）組成，排成3列陣形作戰（參照P149）。

帝國軍的禮法之2 身高不足173公分者，不得當兵

相符年代 ▷	王政時期	共和時期	**帝制時期**

相符階級 ▷	皇帝	**富裕階層**	**自由人**	奴隸

🪖 羅馬公民最嚮往的職業軍人的條件是什麼？

從軍是身為理想羅馬公民的證明，沒有人排斥上戰場。即便皇帝和有力的政治家也不例外。

加入羅馬軍的首要條件，就是公民權。在共和時期，羅馬公民有25年的徵兵義務。即使到了帝制時期改成募兵制，公民權依然是必備條件。如果是沒有公民權的行省居民就無法加入羅馬軍團，而是編入輔助部隊。

軍團的士兵都是以重裝步兵的身分入伍。全副武裝需要相應的體力，所以入伍的條件是身高在5呎10吋（大約是現在的173公分）以上，但也可能依照體格而破例錄取。其餘條件還包含五體健全且身體健康、保有男性生殖器、視力良好也都是必要條件。因此，也有人為了逃避兵役而切斷自己的手指。

身為軍團的一員是當時最大的特權，所以當然會檢查士兵的出身來歷。這時最重要的就是推薦信，這在羅馬社會中也是基本的身分證明。如果加入軍隊後期望升遷，最好的方法應該就是取得有地位者的推薦信。特別是退伍軍人的推薦信，接受度最高。

成為羅馬軍的士兵後，接下來就要展開連日不眠不休的嚴苛訓練。單身也是軍團入伍的必要條件，各方面都有所限制。但是反過來看，從軍也的確是可以保障收入和食衣住的魅力工作。在沒有戰爭的時候，軍人需要去做道路工程，還能學會土木技術。只要服完20年的兵役，退伍軍人也能備受尊重，所以這也是貧窮公民出人頭地的手段。

組織架構

防具和武器

戰鬥

入伍

入伍資格的嚴格檢查條件

羅馬帝國並不是人人都能夠當兵，只有具備羅馬公民權的單身男子才能入伍。

召募新兵

希望加入羅馬軍的男性湧向新兵召募官、希望從軍的情景，召募官必須仔細檢查每一個人的入伍資格。

想入伍的人來這邊……

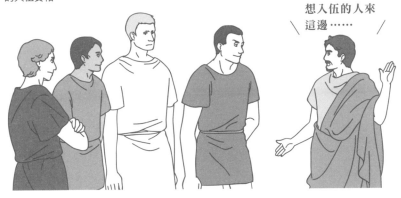

入伍資格

具有羅馬公民權者
以羅馬公民的身分獲得公民權的人才有資格入伍。外國人、奴隸、同盟國人民都沒有公民權，不得入伍。

單身人士
羅馬軍的士兵不能結婚。如果已婚人士希望入伍，就必須離婚，所以也有人為了擺脫婚姻生活而入伍。

凡是身高足夠的健康男子都OK！

符合入伍資格後，就要接受身體檢查。士兵必須是五體健全且身體健康的人。

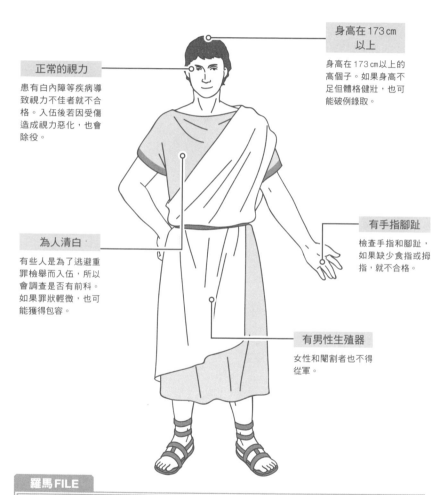

身高在173cm以上

身高在173cm以上的高個子。如果身高不足但體格健壯，也可能破例錄取。

正常的視力

患有白內障等疾病導致視力不佳者就不合格。入伍後若因受傷造成視力惡化，也會除役。

有手指腳趾

檢查手指和腳趾，如果缺少食指或拇指，就不合格。

為人清白

有些人是為了逃避重罪檢舉而入伍，所以會調查是否有前科。如果罪狀輕微，也可能獲得包容。

有男性生殖器

女性和閹割者也不得從軍。

羅馬 FILE

作為人品保證的推薦信

從軍還必須提出保證身分和人品的推薦信。推薦人如果是高身分地位的人物或退伍軍人，評價就會提高，有優良推薦信的人就能擔任更穩固的職種。

測驗和入伍

最後的面試會檢查外在印象和體力表現

通過身體檢查者，最後還需要面試測驗，才能成功入伍。在宣誓後約25年間，都要以士兵的身分工作。

①面試測驗

會舉行檢查性格和體力的面試測驗，在這個階段可以詳查確認推薦信上描述的人品是否為真。

②宣誓

通過面試者，就可以排進「入隊宣誓」的隊伍裡，代表人會高呼「吾願犧牲小我、效忠羅馬」，接著新士兵就會宣誓「idem in me」（我也是）。

③檢查和登錄

入伍後，姓名和身體特徵都會詳細記錄下來。為了分辨逃兵和戰死者的身分，也會檢查身上的黑痣和傷疤。

④前往配屬部隊

前往配屬的部隊。有些預定配屬的部隊士兵會在當天引導新兵，但也可能用口頭指示士兵自行前往軍團兵舍。

羅馬軍隊的領袖，皆由皇帝親自指派

| 相符年代 ▷ | 王政時期 | 共和時期 | **帝制時期** | | 相符階級 ▷ | 皇帝 | **富裕階層** | **自由人** | 奴隸 |

上至總督下至士兵 指揮體系十分完善

軍團規模會因政治體制和時代而異。在羅馬迎向鼎盛的帝制初期，羅馬每一支軍團都是由十支步兵隊組成，再加上騎兵200多人、非羅馬公民的輔助部隊，實際戰力是5000～6000名士兵。軍團數量在初代皇帝奧古斯都為25支，之後多次增減。整個古羅馬時代總共創立約50支有確切數字和名稱的軍團，但並不是所有軍團都能延續下去。

軍團主要駐紮在各個行省。行省有作為統治首長的行省總督，不只是負責行政和司法，在有軍團駐紮的行省還要兼任軍事負責人。各行省駐紮的軍團，在皇帝從元老院（當時的統治機關）上級議員中選任的總督之下，是由多個階級所構成。雖然階級會因駐紮的軍團規模而不同，不過在一行省駐紮一軍團的狀況下，總督往下依序是軍團長、軍團副官、軍營隊長、首席百夫長、百夫長、一般士兵。

皇帝會從元老院中級議員中指派軍團長，每支軍團1名。軍團長的助理是軍團副官，從備騎士身分的富裕階層選任，每支軍團6名，由皇帝任命。軍營隊長是在非戰時期負責後勤，由曾任首席百夫長的資深軍官擔任。首席百夫長從百夫長選拔，負責帶領第一步兵隊，其他11支步兵隊由6個中隊（百人隊）組成，分別由百夫長率領。一支軍團裡有60名百夫長，各別指揮80名士兵。最低階級是一般士兵，為羅馬公民中志願從軍的錄取者，是領薪水的職業軍人。

軍團的架構

從軍團首長到一般士兵

軍團的主要身分可分成上級士官和下級軍團兵，軍團兵當中有4支分隊。

士官

行省總督
由皇帝指派，軍事、行政、司法的負責人，擁有命令權。

軍團長
軍團的指揮官。由當過3年以上元老院議員、30歲左右的人擔任，每支軍團有1名。

軍團副官
輔佐軍團長的幕僚，每支軍團有6名副官。統籌軍團的營運，也有指揮權。

軍營隊長
處理野營事務的上級士官。負責堡壘的維修、糧食和軍事用品的籌備。

首席百夫長
百夫長的領袖，指揮榮譽的第一步兵隊（大隊）。由行省總督選拔。

百夫長
指揮80名士兵的小隊長，每支軍團都有60名。一般士兵晉升的職位。

軍團兵

一般士兵
志願役的公民。可領取薪資和津貼，服役期間為25年。分成四支隊伍。

少年兵
一般士兵的4支分隊當中的第一排士兵。因資金不足而缺乏重型裝備，負責偵察和前哨戰。

青年兵
第一列戰線士兵，主要由年輕人和新兵組成。

壯年兵
第二列戰線士兵，主要由30歲左右、熟悉作戰的士兵組成。

後備兵
第三列戰線士兵，由老兵組成，很少投入實際戰鬥。

以步兵為核心，
最強羅馬軍團的部隊編制

| 相符年代 ▷ | 王政時期 | 共和時期 | **帝制時期** | | 相符階級 ▷ | 皇帝 | **富裕階層** | **自由人** | 奴隸 |

古羅馬社會複雜的身分制度與軍隊編制

共和時期的羅馬軍團是由重裝步兵、重裝騎兵、輕裝步兵、輕裝騎兵組成，兵役是自王政時期以來的公民義務。公民兵會分成各個兵種，但需要跨過一個門檻，那就是購買裝備也是當事人的義務，所以逐漸形成依照個人財產分配兵種的制度。

例如和重裝步兵一起擔任軍隊中樞的重裝騎兵，服兵役的成本較高，都是由富裕階層擔任。那個時代騎馬沒有鐙（垂在馬鞍下放腳用的馬具），騎兵必須在沒有鐙的前提下策馬奔馳，平常得和座騎培養關係。此外，養馬也需要財力，能夠擔任騎兵者其身分可想而知。

到了共和末期，產業結構改變，自耕農沒落，打破了依財產均衡分配兵種的制度。這時，擔任執政官（consul）的是蓋烏斯・馬略（Gaius Marius）。馬略為了重建衰弱的軍隊，將制度從徵兵制改為募兵制，除了薪資以外，武具也改由國家提供。

馬略的兵制改革顧及了各個層面。身為軍團主戰力的重裝步兵原本因為裝備成本高，都是由富裕階層組成；改革後則改由國家負擔，變成由志願兵組成。使用弓、石等拋射型武器的輕裝步兵和輕裝騎兵，則是由輔助部隊的行省居民組成。

輔助部隊的士兵因為不是羅馬公民，無法領到足夠的薪資和年金；但相對軍規和訓練也比較鬆散，退伍後可獲得公民身分。輔助部隊大多不會離開當地，組成家庭的人也不在少數。

騎兵軍

騎馬打仗的英姿自古就是「帥氣無比」

除了一般的步兵軍團兵以外，還有騎馬作戰的騎兵軍。只有擅長馬術者才能擔任。

騎兵

善騎馬的羅馬人和行省中具備出色騎馬技能的民族，都會被分發為騎兵。騎兵是預備戰力，通常在敵軍敗北潰逃時才投入戰鬥。他們身上配備著不同於步兵的武具，頭盔的形狀足以保護整個頭部，並使用長劍（spatha）作戰（參照P141）。

騎兵也是在地居民的觀賞對象

騎兵隊在駐紮地身穿閃亮鎧甲、敏捷奔馳的身影深受當地居民歡迎，眾人會聚集爭相一睹風采。

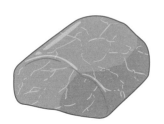

吃馬肉作為緊急糧食

在遠征途中遇到糧食不足等緊急狀況時，還會將騎乘的馬殺來當作緊急糧食。一匹馬可以吃上好幾週。

輔助部隊

無所不能的軍團輔助士兵

出身不富裕的士兵和同盟國的當地民兵，都會成為輔助部隊。輔助部隊的主要工作是協助和支援軍團。

擦鎧甲

將鎧甲擦得亮晶晶，以保持在良好的狀態。亮麗的外觀也有威懾敵人的作用。

搭建和拆除軍營

引導士兵到紮營的地點，幫忙軍團搭建和拆除帳篷的作業。也會從事挖掘壕溝等土木工程。

偵察與說明

在戰鬥時先行偵察前方是否有敵人埋伏、確認敵方兵力，向隊長報告。

加入軍團作戰

輔助部隊也會參戰，負責暖身的小戰鬥、射箭或投石攻擊敵人。有時也會投入近身戰戰鬥。

組織架構

防具和武器

戰鬥

海軍和近衛軍

奴隸也有機會入伍從軍

除了羅馬軍以外，還有在海上作戰的海軍和保護皇帝的近衛軍。不過海軍會遭到其他軍種輕視。

海軍

使用上下配置 3 列划槳手的三列槳座戰船（槳帆船）。加入海軍只需要有健康的身體，入伍門檻較低，也可能藉此擺脫奴隸的地位。因此，海軍往往會遭受其他軍種輕視。

近衛軍

保護皇帝安全的近衛軍是羅馬軍當中最高的職務，薪資和待遇都很優渥，在軍團中炙手可熱。獲得皇帝肯定者，還可以升遷成為百夫長。近衛軍都會手持刻有蠍形紋章的盾牌。

column

近衛軍會穿著托加

一塊布製成的上衣稱作托加。在宮殿裡上班的近衛兵都會穿著托加。這原本是羅馬公民的日常服裝，後來上流階級之間開始流行，演變成禮服。

不當班的士兵，
會在浴場和同袍賭博取樂

相符年代 ▷	王政時期	共和時期	**帝制時期**

相符階級 ▷	皇帝	**富裕階層**	**自由人**	奴隸

每天就是不停重複
無聊的任務和嚴苛的訓練

軍隊生活就是不斷規律地按表操課，古羅馬時代亦是如此。士兵一天的開始比雞啼破曉早，起床後立刻整裝，吃一頓簡便的早餐。接著是朝會，教官在整隊的士兵面前，宣讀皇帝或總督的書信，發表重要訊息。朝會上也會由教官指派當日命令。解散後士兵要跟隨百夫長參加各個部隊的集會、公聽會等小型集會。

每天的任務當中，最無聊的就是站崗了。這是在門口、倉庫等重要設施擔任警衛的工作，有時還要隨著教官和司令官一同巡察。設施的保養管理相關雜務也是士兵的任務，從清掃等輕度勞動，到浴場燒鍋爐、打掃馬廄和廁所等重度勞動全部包辦。

其中也有人抓到百夫長賄賂的證據，得以分配到輕度勞動。

士兵平常要做好戰鬥準備，管教和訓練當然也會排進每天例行公事。在野外訓練（campus）時會擺陣行軍、模擬作戰。在公民會堂（basilica）和圓形劇場（ludus）的設施訓練中，也會全副武裝演練跨越溝渠。

一天的最後，就是值得期待的晚餐時間。士兵的餐桌上有葡萄酒、辣魚醬（garum，當時主要的調味料），還有肉、乳酪、麵包等等，菜色比一般公民更高級。晚餐後到就寢前，士兵多半都在整理裝備，或是寫信給家人，也有人輪值當班守夜。

士兵在不當班的日子大多會去浴場。主要目的是放鬆，也會和同袍一起玩骰子、聊八卦，浴場儼然成為一種社交場所。

每日作息

規律的生活和均衡的飲食

羅馬軍人的一天從一大早開始，鎮日執行任務和訓練。晚上只要獲得許可，就可以外出遊玩。

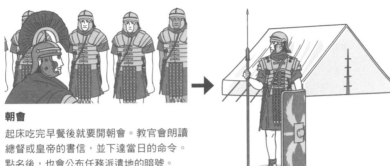

朝會

起床吃完早餐後就要開朝會。教官會朗讀總督或皇帝的書信，並下達當日的命令。點名後，也會公布任務派遣地的暗號。

任務

朝會解散後，各自前去執行任務。輪值崗哨的士兵，會在堡壘、倉庫、各個門口守衛；輪值打雜的士兵就負責打掃、浴場燒鍋爐、倉庫的管理工作。

訓練

會進行劍術、擲標槍等訓練，以及擺陣行軍和戰鬥等野外訓練。訓練也是任務之一，有時會練上一整天。

晚餐

軍團的晚餐基本上有肉、乳酪、麵包、啤酒。特定地區還能吃到現捕的新鮮獸肉。

就寢前

不必當班守夜的人，會準備夜間盤點、細心擦拭武具和器皿，或是為故鄉寄來的家書寫回信，如果有長官許可還能外出遊玩。

身著厚重的鎧甲防具，導致前進速度非常緩慢

相符年代 ▷	王政時期	共和時期	**帝制時期**

相符階級 ▷	皇帝	**富裕階層**	**自由人**	奴隸

舉起盾牌擋在前方 緩慢步步進逼敵陣

提到古羅馬時代的鎧甲，很多人都會先想到鐵製的片板甲（lorica segmentata）。它的形狀也被形容為龍蝦，是依照人體各個部位準備細長的鐵板、配合身體的曲線成型，再用皮繩綁緊固定。鎖子甲是當時最廣為運用的鎧甲，輔助部隊的士兵也會配備。也有部分士兵使用在皮鎧上加裝鱗狀金屬片的鱗甲（lorica squamata）。

頭盔用的是加利亞（galea），因應使用者頭形而有許多不同造型，不過基本構造都相同。額頭處有一道從頭上延伸出來的簷狀強化結構，以防攻擊；後頸處則有護頸（從盔頂往背部延伸的帽簷）。其他設計特徵還有護頰、羽毛做的頭頂裝飾。

羅馬軍的重裝步兵使用的盾牌叫作長盾（scutum），形狀是橢圓或長方形，特徵是其他國家沒有的內彎弧度。帝制時期的長盾是由精密合成的三層板製成，材質多半是橡木或樺木。表面會依軍團或所屬的部隊而畫上不同的圖紋。重裝步兵會組成密集的陣形，採取一邊防禦敵軍投石襲擊、一邊行軍的龜甲形連環盾（testudo）戰術。Testudo 在拉丁語意指「烏龜」，因軍隊緩慢踏實行進的模樣很像烏龜，才以此命名。龜甲形連環盾的防禦力極佳，是重裝步兵不可或缺的裝備，但因為體積大且笨重，並不適合用於混戰。

軍靴卡利加（caliga）也是基本的軍裝配備，是由許多皮繩編織的涼鞋，角鬥士也會穿著。

高功能又講究裝飾的羅馬軍防具

防具

羅馬軍的裝備因職務而不同,富裕階層的士兵會穿著鐵製的堅固鎧甲。

毛皮披風

將狼或熊的毛皮披在頭盔上,用來辨識自己的身分。

頭盔

附有護頰,包覆整個頭部。特徵是有保護耳朵和後頸處的凸起構造。

軍團旗

戰鬥時要保護旗子不被搶走。

鎧甲(片板甲)

以配合身體成型的胸板、背板等條狀鐵片作為骨架裝備而成的鎧甲。比輔助士兵穿的鎖子甲更堅固輕巧。

軍靴

羅馬軍穿著的涼鞋。用皮帶繞成,穿戴性高。

獎章(phalerae)

橢圓形的小型盾,類似勳章。

旗手

作戰時高舉著象徵部隊的旗幟。軍團旗是軍隊的精神象徵,由軍團兵中位階最高者持有。

百夫長

擔任軍中指揮官的百夫長,頭盔上有使用象徵最高地位的馬毛製作的橫排飾板。

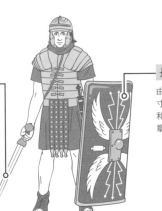

劍

基本上使用短劍(gladius,參照P141)。將綁在劍鞘的背帶掛在肩上,配備在身體右側。

長盾

由3層木板製成的堅固盾牌。尺寸不一,用途是防禦敵人的標槍和弓箭襲擊。上面畫有部隊的紋章,也會貼一層布料或薄皮。

一般軍團兵

重裝步兵的一般裝備,會使用頭盔、鐵鎧、護腿、盾牌。輔助部隊等輕裝士兵會穿著青銅鎧甲、無護腿的輕便裝備。

標槍並非穿刺之用，而是遠距投擲的武器

相符年代 ▷	王政時期	共和時期	帝制時期

相符階級 ▷	皇帝	富裕階層	自由人	奴隸

白刃戰的主力是短劍以及貫穿敵人的重標槍

軍團認為對於以密集隊形行軍的重裝步兵來說，古希臘流傳下來的長劍太過累贅，於是便開始使用長度18～22吋（約20～30公分）、寬約2吋（約5公分），刀身偏短的匕首（pugio）。匕首是雙面刃，剖面是扁平的鑽石形，有銳利的刀尖。材質是碳含量高的生鐵與碳含量低的軟鐵合金。配備時會將刀鞘上的背帶掛在肩上，固定在身體右側較高的位置，並且讓刀鞘稍微往前傾斜以便拔刀。

古羅馬的主要武器是短劍，拉丁語 gladius 的意思就是劍。第一次拿起短劍會覺得非常沉重，為了方便運用，最重要的是找到自己用得最順手的短劍。畢竟要是揮劍就覺得累，那就很難平安撐過漫長的戰鬥了。

在戰術上發揮重要作用的還有另一個武器，就是重標槍。這是長達150～200公分的標槍，有沉重的木製握柄和銳利的鐵製槍頭。為了增加標槍的威力，甚至還會加裝圓形的鉛球。標槍本身是白刃戰使用的武器，但重標槍是僅限於開戰時使用的武器。重標槍原本的用途只有使盡全力投向敵軍部隊，貫穿盾牌、使其失去用武之地，所以它才會這麼沉重。若是成功的話，丟出的重標槍銳利的槍頭還會貫穿敵軍的身體。雖然每次戰鬥只能用一次重標槍，但威力無窮。多人同時擲出重標槍、破壞敵陣後，便開始正式的白刃戰。手持長盾並列行進的羅馬軍團士兵，就會用短劍突刺並深入敵陣。

依戰術使用長度不同的武器

武器

羅馬軍主要使用的武器是劍和標槍。劍共有三種類型，依軍團梯隊擔負的職務分別使用。

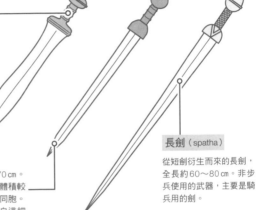

 劍

匕首（pugio）

以前的士兵配備的短刀，全長20～30 cm，刀面寬度有5 cm以上，特徵是中央隆起像葉子的主脈。適用於突刺攻擊和致命的一擊。

短劍（gladius）

古羅馬最具代表性的劍，全長約50～70 cm。劍刀為鐵製，結構堅固。用於近身戰，體積較小，所以在密集的戰鬥中也不會傷害到同胞。角鬥士的拉丁語gladiator，詞源就是來自這把短劍。

長劍（spatha）

從短劍衍生而來的長劍，全長約60～80 cm。非步兵使用的武器，主要是騎兵用的劍。

標槍

重標槍（pilum）

重裝步兵使用的標槍，全長約150～200 cm，重量約2～4 kg。特徵是尖端部分呈菱形。在第一階段的突擊時投擲，擁有足以貫穿盾牌的威力。

弓

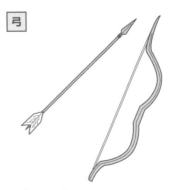

弓（arcus）

用多種材質貼成的複合弓，主要為弓兵使用。弓箭的拉丁語稱作sagitta，弓兵則稱作sagittarii。

最基礎的行軍訓練，
也要花 5 小時走完 32 公里

相符年代 ▷	王政時期	共和時期	帝制時期

相符階級 ▷	皇帝	富裕階層	自由人	奴隸

羅馬軍不是一天成形
訓練造就最強軍團！

　　腳踏實地的訓練才能塑造強壯的士兵。羅馬軍的士兵也是日復一日的訓練，從未懈怠。訓練的難度可以分為五個階段。

　　一開始是行軍。先訓練在 5 小時內走完 32 公里，接著是在 12 小時內走完 64 公里。若可以輕易完成，就要全副武裝行軍 32 公里。直到士兵學會整齊行軍的技巧，才會邁向第二階段。

　　武器訓練是以木柱為對象。將軍蓋烏斯・馬略發現角鬥士比士兵善於戰鬥，於是在改革中採用這個訓練方法。士兵手持比標準裝備更重的木劍和盾牌，連續數小時攻擊木柱以模擬實戰。

　　在實際的戰鬥中，是擲出重標槍後，白刃戰（用刀劍等冷兵器的戰鬥）才會正式開始。不使用銅，而是皮質槍頭的訓練用重標槍，比標準裝備更沉重。這個階段會分成兩組，進行互相投擲的訓練。這就是第三階段。

　　士兵必須全副武裝在戰場上移動，如果只有一般人的中等體力絕對無法勝任。配備沉重武具順暢行動，需要相應的精力和敏捷度，各兵舍備有的跳馬設施正是為了訓練這個能力。第四階段的訓練要全副武裝跳過障礙物，等到熟練後，還要再拿起白刃或重標槍，繼續相同的訓練。

　　士兵除了個體能力外，也需要提高對軍團的戰術理解能力。到第五階段會在練兵場和原野不斷演習，為了讓整支部隊有如一體般靈活，只要一聲令下就迅速移動。這是讓每個士兵都充分了解戰術、綜觀戰場的重要階段。

基本訓練就從行軍開始

訓練

羅馬軍強大的祕密，在於徹底的訓練。從培養基礎體力的行軍到陣形演練，實行非常嚴格的訓練。

行軍

新兵部隊會不斷接受長途行走的訓練，全副武裝在5小時內走完20哩（約32 km）、12小時內走完40哩（約64 km），以備戰爭時期的長途行軍。

看我的！

用木柱練習揮劍

與木柱對戰來訓練劍法。劍是用木劍，進行水平突刺、假動作突進訓練。

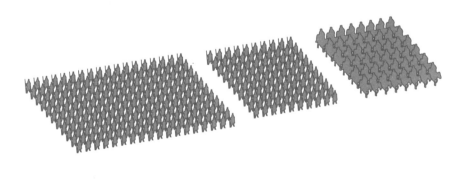

陣形演習

擅長密集隊形戰術的羅馬軍，會進行紮實的陣形演習訓練，以因應戰鬥時的各種狀況，排演五花八門的陣形變換。

羅馬士兵的披風防水佳，卻也很臭

相符年代 ▷	王政時期	共和時期	**帝制時期**	相符階級 ▷	皇帝	**富裕階層**	**自由人**	奴隸

🛡 必備物品放入行囊 自行背負在戰場上行動

共和末期馬略將軍的兵制改革不是只有改變訓練方法和軍團重組而已，行軍時讓士兵自行背負行囊也是改革的重點之一。過去行囊都是由僕役負責搬運，結果隊伍拖得比軍隊還要長，才會改成由士兵自行背負。

如果是自己背行囊，任誰都會想要儘量減少隨身物品。即使如此，還是有重達 60 磅（約 30 公斤）、最低限度的生活用品塞滿了行軍包（sarcina）。這麼一來根本背不動，因為在緊急時刻很難迅速卸下行囊。因此，除了貼身攜帶的物品以外，行囊都會掛在行軍架（furca）上搬運。行軍架是長度約 4 呎（1 公尺）的桿子再綁上一支橫棒的十字形架子。行軍包就固定在架子上，桿子的部分還會綁著一支十字鎬（dolabra）。

披風是沉重的毛織品，沒有士兵想帶但卻由不得人，必要時需要將披風捲好塞進行軍包裡。由於披風防水性高，加上當時有用綿羊油浸泡披風的習慣，所以會散發刺鼻的臭味。

小盤子（patella）是行軍士兵的重要用品之一，可以視情況當作杯子、鍋子、碗公等改變使用方法。其直徑有 7 呎（約 18 公分），青銅材質，內部鍍錫並刻有溝槽，設計成方便導熱烹煮的用品。小盤子盤底多為平坦，以便放在地上；結構厚實的小盤子較堅固耐用，但缺點是不便隨身攜帶，挑選時須兼顧兩者。此外行軍包裡還會放入水壺與幾天份的糧食隨身攜帶。

必需品

行軍時，一人份的必需品至少也有30公斤！

羅馬軍的行囊會固定在木製的行軍架上搬運，帶著器皿、糧食和工具行軍。

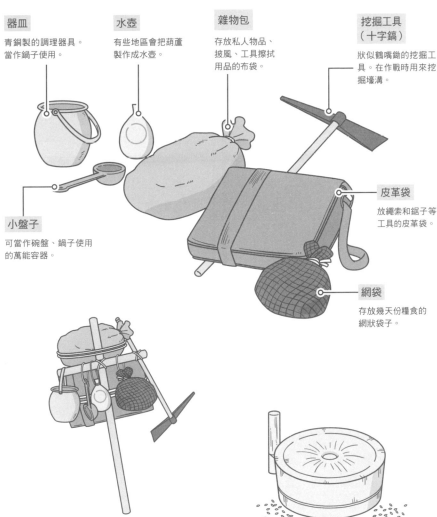

器皿

青銅製的調理器具。當作鍋子使用。

水壺

有些地區會把葫蘆製作成水壺。

雜物包

存放私人物品、披風、工具擦拭用品的布袋。

挖掘工具（十字鎬）

狀似鶴嘴鋤的挖掘工具。在作戰時用來挖掘壕溝。

小盤子

可當作碗盤、鍋子使用的萬能容器。

皮革袋

放繩索和鋸子等工具的皮革袋。

網袋

存放幾天份糧食的網狀袋子。

行軍架

在長桿子上綁橫棒的十字形架子，全長超過1公尺，可用來固定行囊，或是扛在肩上搬運。

磨臼

遠征途中會帶著小型磨臼，可以將小麥等穀物磨成粉，水煮後食用。

帝國軍的禮法之10

紅旗高高升起，正是開戰的信號！

相符年代 ▷	王政時期	共和時期	**帝制時期**		相符階級 ▷	皇帝	**富裕階層**	**自由人**	奴隸

從戰場布陣一直到戰爭正式開打

會戰從布陣到分出勝負，大致分成三個階段。第一階段是準備戰鬥，從偵察兵刺探敵情開始。這是掌握敵軍位置、大致戰力的重要步驟，也會派出偵察隊去堪察地形。司令官甚至會與偵察兵同行，親眼確認狀況。

為了確定敵軍的戰意，有時候還會故意挑起小型的戰鬥。如果發現敵軍無意作戰，就會考慮偷襲。接近開戰時刻，傳令兵會穿梭軍陣，軍官的行動也會變得勿忙。當將軍的帳篷升起紅旗，就代表開戰時機已到，士兵會迅速將穿戴武具，就定位待命。

第二階段是戰鬥的初戰。依號令鞏固陣形的軍團終於要面對敵軍。開戰的契機有很多方式，大多是從射出投擲性武器開始。當這波攻擊告一段落後，軍團會按照將軍的暗號小跑步前進，靠近敵陣後放慢步調，再使盡全力擲出重標槍。這一步是決定能將敵兵盾牌破壞到什麼程度的重點。

接下來就是重頭戲了。拔出劍的羅馬士兵會發出強而有力的吼叫，以整齊劃一卻又敏捷的速度飛奔向前，衝撞宛如厚重銅牆鐵壁的敵陣。正面承受這種攻勢的敵軍根本不是對手，會被狠狠地撞飛。於是，在羅馬軍勢如破竹地殺入兵慌馬亂的敵陣時，第二列的部隊就會揮劍進攻。

最後陣形大亂，士兵也會愈來愈疲憊，即使如此也不能離開同袍，否則落單必死無疑。分出勝負後雖然可以繼續追殺敵人，但要是在勝利之際不小心喪命就太愚蠢了。重點還是活著歸鄉。

戰鬥①準備

從偵察開始逐步整頓戰場

開始作戰前，會先偵察戰場，以利後續土木工程的進展。羅馬軍的建設技術水準很高，能以驚人的速度砌出外牆。

談判和偵察

如果想要不費一兵一卒攻陷敵人的都市，就會遊說對手投降。另外也會偵察敵軍，刺探敵情。

土木工程

在談判期間，也會同時展開攻城用的土木工程。例如派數千人搭建大型弩砲（投射機，ballista）、攻城壁和箭樓。

外牆

如果是長期的攻城戰，會建起外牆來圍堵，避免都市中有人脫逃。除了防止敵軍脫逃以外，也有切斷糧食補給管道的作用。建設工程非常快速，一個星期就能堆砌出長約8km的城牆。

投擲刻著詛咒的石塊

在攻城戰中會使用威力強大的大型兵器，或是投擲具有高度殺傷力的石塊。

弩砲（投射機）

將石彈或箭發射到遠方的大型兵器。運用「扭轉式」的原理，將富有彈性的動物肌腱或頭髮扭成繩索，利用扭轉的張力建造而成。

石器

投石手會投擲蛋型的鉛球或具有高度殺傷力的石塊，石塊上面會刻著詛咒的語句，例如「祝你厄運降臨」。

火

發射點火的箭，讓敵軍的木造攻城機著火燃燒，或是讓城鎮失火。防守的一方會用牛皮蓋在攻城機上，以防著火。

用梯子爬牆

士兵也會用梯子同時爬上敵人的城牆。要是梯子太長，常常會承受不了士兵的重量而折斷。

戰鬥③會戰

最先突擊的是年輕士兵

總數5000人的士兵組好陣形，與敵人作戰。每支軍團都由三列士兵組成，擺出銅牆鐵壁般的巨大防禦陣仗、突擊敵軍。

突擊

羅馬軍會組成密集的陣形，像銅牆鐵壁般衝撞敵軍。作戰方式是當第一列士兵散亂後，第二列士兵就會衝上前作戰，如果這樣還無法擊破敵陣，第三列就會進攻突擊。

陣形

小隊

一支部隊稱作小隊（manipulus）。一支小隊是由兩支百人隊（1隊60人）組成，總數120人。每支軍團有30支小隊，加上輕裝步兵、輔助部隊和騎兵，總共4200～5000人。

青年兵

壯年兵

後備兵

三列結構

一支軍團由30支小隊組成，全軍排成三列。第一列是最年輕的青年兵，第二列是中堅的壯年兵，第三列是最資深的後備兵。一支軍團會以10隊為單位橫向排成三列。

葡萄酒和醋，
都可當作消毒藥塗抹傷口

相符年代 ▷	王政時期	共和時期	**帝制時期**	相符階級 ▷	皇帝	**富裕階層**	**自由人**	奴隸

戰場上受傷的士兵
會由醫師或衛生兵治療

戰局勝負已定後，敗者會遭到勝者無情的追擊，沒有人有餘力顧及傷患。即使身負重傷，只要能平安逃回我方陣營，就算是幸運的了。根據受傷程度，可能會需要動手術，所以軍團內都會有專門的治療人員。

幫士兵治療在戰場受的刀傷是輔助部隊中衛生兵的工作。他們會使用葡萄酒、醋、橄欖油來消毒，再用消毒完畢的工具來縫合傷口，最後包紮亞麻布繃帶。若血流不止就會結紮血管，有時會用燒熱的鐵來灼燒血管止血。

箭傷是由醫護官（medicus）負責治療。醫護官的階級與百夫長相當，經過豐富的醫學訓練。當時已有手術刀、鉗子、撐開手術部位的開創器等工具。醫護官會用這些專業醫療器材拔出箭、縫合斷裂的肌腱。此外，雖然成功率很低，但醫護官也會嘗試做腸子和腹腔內的手術。麻醉藥主要是使用罌粟汁，有時也會使用天仙子（茄科植物）的種子。但這些的效果根本比不上現在的麻醉藥。在哭喊的患者面前冷靜開刀治療的精神強度，也是醫師不可或缺的能力。

在這個與戰爭為伍的社會，士兵是非常重要的存在。在戰鬥中負傷的人需要治療時，會被送到明亮整潔的醫院。將軍常常親自探病，也是因為把士兵當作戰力而予以尊重。士兵直到傷口痊癒前都會得到無微不至的照顧，因為他背負著往後可以再度搏命作戰的期望。這麼看來，當事人或許心情也會有點複雜吧。

醫療

當時的消毒藥是葡萄酒、醋和橄欖油

羅馬軍中有負責治療傷患的衛生兵。重傷者動手術之際，會用上各式各樣的工具。

救護站

這傷口很深啊……

戰場的醫療

治療傷口的人主要是輔助部隊中的衛生兵。他會用葡萄酒、醋和橄欖油製成的消毒藥清潔傷口，再用亞麻布繃帶包紮。如果血流不止，就會用燒熱的鐵灼燒傷口。

工具

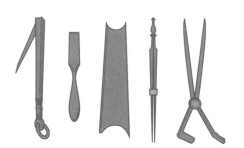

手術刀和鉗子

手術是由經過豐富醫學訓練的階級人士操刀。手術中會用到切開患部的手術刀、把箭拔出體內的鉗子等各式各樣的工具。

羅馬 FILE

當時的麻醉藥是鴉片和天仙子

古羅馬時代還沒有全身麻醉藥，所以使用會引發幻覺的鴉片和天仙子當作麻醉劑。除此之外，還有讓傷患喝下葡萄酒等酒類來紓緩痛覺的方法。不過，手術會造成尖叫程度的疼痛，為了避免傷患掙扎，會先將他全身綁在手術台上再動手術。

違反軍紀者，
懲罰是清掃廁所！

相符年代 ▷	王政時期	共和時期	**帝制時期**	相符階級 ▷	皇帝	**富裕階層**	**自由人**	奴隸

站崗打瞌睡會遭重罰！
若遇出征更會處以死刑

軍隊十分重視紀律，羅馬軍也會依罪狀的輕重，處罰違規的士兵，最輕微是斥責和罰款。斥責是指百夫長用葡萄樹枝做的棍棒重打違規者一下，或是狠狠痛打一頓。罰金是遺失裝備、和平民爭時，依損失程度扣除薪資。

勞役是用勤務來補償的處罰方法，泛指打掃馬廄和廁所環境等雜務。另外還有穿女性的長袍當哨兵罰站，雖然這屬於勞役的一種，但卻有一點欺負的意味。如果士兵能夠接受多餘的支出，也可以賄賂百夫長以減免罰金。

以上都是比較輕微的處罰，接下來列舉的是最好盡可能避免的重大罰責。首先是軍務變更，原本的階級會遭到剝奪，並失去服

兵役最大的好處，也就是長期勤務可以獲得的福利。有時候不只是失去福利，還會同時降格。

斥責雖然是輕微處罰，但在站崗時打瞌睡等懈怠職務的狀況下會處以杖刑，程度完全不同。如果在出征途中違規，甚至必須償命贖罪。一旦判決有罪，指揮官會先當著部隊全體輕打一下犯罪士兵，再由同袍以棍棒和石頭輪番拳打腳踢，至死方休。

如果是以部隊為單位行動的士兵違規，也有共同負責的集體處罰。吃飯少了肉、減少薪資還算是處罰輕微；如果是更重的處罰，全隊會被逐出軍營，被迫在柵欄或牆外起居。叛變的部隊會被處以十分之一刑，從受罰的部隊中十人裡抽出一人，這個人會被剩下的九個人打死。生還的九人則被流放到軍營之外。

處罰

打瞌睡就死定了！會被棍棒打得滿頭包

羅馬軍會因違反軍紀和怠慢職務而實施各種處罰。極刑是由一群人亂棒打死。

斥責

人人都至少遭受過一次的處罰。遲到或其他輕度違規行為，會遭到百夫長手持棍棒（葡萄樹枝）敲打。

勞役

輕微的違規也可能會被罰做勤務。最常見的是打掃廁所、穿著可恥的服裝罰站。

集體處罰

部隊中如果有人違規，整支部隊都會被放逐到軍營的濠溝之外，在帳篷裡起居。通常還會另外處以輕度的處罰。

杖刑

在站崗時打瞌睡的士兵，會當著部隊全體的面不停遭到棒打。如果犯下叛變等重大罪行，則是處以死刑，會被同袍士兵拳打腳踢、亂棒打死。

退役的軍人，
可領取國家支付的年金

| 相符年代 ▷ | 王政時期 | 共和時期 | **帝制時期** | | 相符階級 ▷ | 皇帝 | **富裕階層** | **自由人** | 奴隸 |

結束 25 年的軍旅生涯 重新獲得自由

士兵退伍時會在軍團記錄簿標記下列任何一項：榮譽退伍、傷病退伍、非榮譽退伍、死亡。

順利完成兵役的士兵就是榮譽退伍。這是獲得皇帝和軍隊認同其貢獻的證明，可以獲得很多福利，年金也是全額給付。因負傷而不適合從事軍務者，就是傷病退伍。即便是輕微障礙，只要被判定難以執行任務就要退伍。這也算是榮譽退伍，會依執勤期間的長度給付應得的年金。

榮譽退伍的相反就是非榮譽退伍，等於被打上不適任士兵的烙印，間接封鎖從事其他公務的出路，甚至不能繼續住在羅馬。

死亡應該不用多做解釋。雖然這也是離開軍隊的一個方式，但人人都會盡力逃避這個命運。

25 年相當漫長，幾乎整個青春都奉獻給軍旅生活，解放後的心情肯定一言難盡。不必從早到晚任務纏身，也不必一聽號角就挺身站好。可是退伍軍人常不知所措，重獲自由固然開心，卻不知道今後該怎麼辦。面對看不見未來的公民生活束手無策時，回歸兵舍也是一種出路。如果退伍年紀是 40 多歲，還能再努力幾年。或者投資年金做生意，利用人脈為兵舍提供物資。當然結婚也是不錯的選擇。

退伍時不會拿到任何證書，不過輔助部隊的士兵可以得到記錄退伍的青銅板。比這些更有價值的福利是羅馬公民權。這項福利背後是根除叛變的可能，為了避免退伍軍人在返鄉後濫用軍中生活知識而提供的補償。

退伍

士兵退伍後的出路

士兵服完兵役後，會選擇結婚或是開創新事業。同盟國的退伍士兵也可能會發起暴動。

退伍

好痛……

傷病退伍
負傷而承受重大障礙者會除役。負傷者會由醫師徹底檢查，確定沒有前途的人就無法繼續留在軍中服役。

非榮譽退伍
犯下叛變、不服從長官等重罪者會除役。退伍前會遭受嚴重的杖打處罰，得到一生都抹滅不了的傷疤作為不榮譽的記號。

退伍後

結婚
很多士兵在兵舍之外都有論及婚嫁的妻子。也有人為了在征服的領地重新開始，而在退伍後結婚、開啟與軍事毫無關聯的新事業。

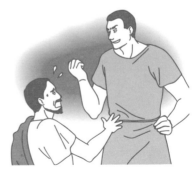

盜賊和敵人
也有士兵退伍後成了盜賊、做盡壞事。羅馬軍還曾經遇上同盟國輔助部隊的退伍士兵組成的游擊隊，險些敗北。

column ④

貴為帝國一尊，
也必須親赴戰場

皇帝親赴前線，冒險鼓舞士兵

　　羅馬皇帝在戰爭如火如荼之際，並不是只會坐鎮在宮殿裡等待戰爭結束。當時的皇帝是君臨一國頂點的領袖，同時也是統率軍隊的最高司令官。所以，皇帝親自帶領軍隊上戰場並不是稀奇的事。

　　不過，皇帝並不會實際持劍作戰。但是身為統率為國作戰的士兵的司令官，為求勝利而親赴戰場最前線，鼓舞、慰勞士兵的行動，不僅耗費時間，也很危險。對於過著普通生活的人來說皇帝如此崇高，豈止是當面談話，就連要親眼見到也很困難，但他卻為了自己而奮不顧身來到戰地，這個事實必定會為眾多士兵激發勇氣和活力。

深入了解古羅馬！
拉丁文學和遺蹟檔案

拉丁文學奠定了近代歐洲文學的基礎，作為哲學、美術、藝術，孕育出許多詩歌、戲劇、小說。此外，羅馬帝國的城市遺蹟仍留存至今，有許多歷史建築。這裡就來解說古羅馬的代表作家和遺蹟，讓大家更深入認識古羅馬。

西塞羅

生卒年：前106～前43年
作品：《論取材》

出生於羅馬騎士階級家庭的西塞羅，
是政治家也是思想家。他也是知名的
辯論家，25歲開始精通辯論術，多次
辯護成功。他最著名的事蹟，是與當
時評價最高的辯論家霍爾特恩西烏斯
（Quintus Hortensius）爭辯並擊敗對
手。這個過程整理成《反對維勒斯的演
講》一書，直到現在仍是研究當時羅馬
行省政治的珍貴資料。

幸福的生活
源自於
心靈的祥和

大器晚成的辯論家

西塞羅的老師盧修斯・克拉蘇（Lucius
Licinius Crassus）在20歲、霍爾特恩西烏斯
在19歲就成為辯論家，所以西塞羅初出茅廬
的年紀並不算早。

老普林尼

生卒年：23～79 年
作品：《博物志》

老普林尼從年輕時期就具備文學、法律、辯論術等橫跨多個領域的素養，也曾經從軍接受訓練。他從 23 歲開始以將軍的身分活躍 10 年後，運用自己與生俱來的知識，編寫出類似百科全書的書籍《博物志》。這本書從天文學、植物學、藥學涵蓋到雕刻等藝術領域，涉獵廣泛，至今仍是具有權威性的科學書籍。

沒有任何東西
是可靠的

死因是火山爆發

西元 79 年，火山爆發襲向義大利的古城龐貝，老普林尼被捲入這場災難，加上他有哮喘，因為吸入過多火山毒煙而死。

維吉爾

生卒年：前 70～前 19 年
作品：《艾尼亞斯紀》

維吉爾出生於農家，是羅馬古典時期的代表詩人。他在羅馬學習修辭學，但因為性格內向而放棄辯論家的志向，決定成為詩人。維吉爾終其一生都不斷創作詩歌，並寫下史詩《艾尼亞斯紀》，描述一個在戰爭後流離失所的男人如何成為羅馬建國祖先的故事，被奉為拉丁文學的最高傑作。

做得到是因為
相信能夠做到

其實史詩沒有寫完

耗費 11 年寫成的《艾尼亞斯紀》其實尚未完結，是維吉爾最後的遺作。雖然他本人希望燒掉這部作品，但初代皇帝奧古斯都仍下令出版。

蘇埃托尼烏斯

生卒年：70？～？年
作品：《羅馬十二帝王傳》

蘇埃托尼烏斯生於羅馬的騎士階級家庭，
是羅馬帝制初期知名的傳記作家。他曾擔
任皇帝的祕書，遭到解雇後便投入寫作。
他現存的兩部作品呈現出強烈的傳記作家
印象，但其實他除了傳記以外還寫過許多
領域的著作。最著名的傳記《羅馬十二
帝王傳》，描述了12名皇帝的許多傳聞軼
事，大幅影響了後世對這些皇帝的印象。

大局已定

十分長壽

蘇埃托尼烏斯也因長壽而聞名，但他的晚年
生活成謎，只知道他在西元122年以後去世。

奧維德

生卒年：前43～後17年
作品：《變形記》

奧維德是活躍於羅馬帝制初期的愛情詩
人，他的作品《愛情三論》、《女傑書簡》
受到羅馬上流階級人士的喜愛，名聲頓時
水漲船高；但是在皇帝開始實施整頓紀律
的政策後，他的風評一落千丈。奧維德被
流放到國外，終生未能再回國。不過，他
在流亡生涯中所寫的《變形記》，有很多
類似舊約聖經的部分，深受歐洲各地的讀
者喜愛。

愛情來得愈晚
愈熱烈

影響了後代的藝術家

《變形記》是文藝復興時期藝術家的神話題材
來源，也對莎士比亞（William Shakespeare）
造成深遠的影響。

佩特羅尼烏斯

生卒年：？～66年
作品：《愛情神話》

佩特羅尼烏斯是詩人，也是皇帝尼祿的近臣。皇帝稱他為「高雅的裁判」，十分厚待他，然而佩特羅尼烏斯卻被指控謀反罪而被迫自盡。其作品《愛情神話》是西方第一本小說，藉虛構故事來諷刺當時隨處可見的不道德行為。他的作品也是研究羅馬風俗的第一手資料，備受珍重。

所有甜蜜
都能夠與
苦澀相融

生活奢華無度

佩特羅尼烏斯受到皇帝厚待，鎮日都在歡樂和遊興中度過，生活非常奢華，不過他也對自己的職務很有熱忱。

李維

生卒年：前59～17年
作品：《羅馬史》

李維是歷史學家，長年居住在羅馬，但根據傳聞他並未就任公職，也不曾經驗過政治和軍事。他最著名的事蹟是在皇帝奧古斯都的文學圈子裡，耗費40年的歲月寫下《羅馬史》，記述羅馬建城直到奧古斯都統一世界的歷史。李維學習西塞羅的文筆，其風格成為拉丁文學的代表，廣為後世傳頌。

長達142卷的曠世鉅作

《羅馬史》是全套142卷的長篇歷史書籍，但現存的僅僅只有第35卷，其他卷數只留下了簡化後的版本。

人類無法兼具
財富與良知

古羅馬的遺蹟

現在的羅馬依然保留許多遺跡，穿梭其間就宛如穿越時空回到古羅馬一般。
這裡就來介紹特別值得親自走訪的熱門景點。

羅馬競技場

令眾多羅馬人民狂熱不已的娛樂場所

羅馬競技場是大約2000年前的角鬥場，已登錄為世界遺產，現在依然是每天觀光客大排長龍的義大利代表性觀光名勝。羅馬競技場除了壯麗的外觀以外，內部也可以參觀保留了當初風貌的觀眾席，和經歷各種打鬥的地面底下隱藏的空間。可容納人數為4萬5000人，頂樓的站立席可容納5000人。

古羅馬廣場

**充滿當年浪漫風情的
古羅馬中心地**

林立著各式建築遺址的古羅馬廣場，
儘管並沒有完整保留當初的風貌，卻
依然可以一窺當時的生活情景。各個
皇帝死後也在這裡成功將自己留存於
人們的記憶之中。11代皇帝多米提安
努斯（Titus Flavius Domitianus）建
造的「提圖斯凱旋門」，至今仍保留
在古羅馬廣場裡。

巴拉丁諾山

**豪宅遺址連綿的山丘是
羅馬最古老的地方**

這裡可以將古羅馬廣場盡收眼底，是
羅馬歷史最悠久的山丘，林立著古羅
馬時代的高級住宅地、歷代皇帝的官
邸和私邸遺址。現在，當地還可以
看到1世紀多米提安努斯皇帝的官邸
建築、初代皇帝奧古斯都的宅邸遺
蹟等知名君主留下的建築。由於這
裡建設了許多宮殿（palatium），所
以才會命名為「巴拉丁諾山（Collis
Palatium）」。

163

萬神殿

古羅馬時代的傑作！
世界最大的宗教設施

建於 2000 年前的萬神殿，是全世界
規模最大的現存石造建築，至今仍廣
受遊客喜愛。萬神殿相傳是為了供奉
所有神祇而建，在基督教成為國教以
後也作為教堂運用，才能保留至今。
萬神殿除了外觀的規模、建築透露出
的歷史背景以外，在宗教意義上也一
直是受到注目的焦點。

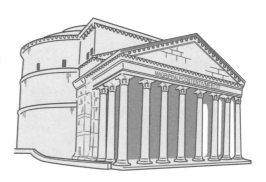

圖拉真廣場

為慶祝戰爭勝利而建的
市民休閒場所

圖拉真廣場是知名的古羅馬代表建築
之一。相傳這是五賢君當中的圖拉真
為了紀念戰爭勝利而下令建造。圖拉
真廣場發揮了類似於現代購物中心的
功能，是每天都有眾多市民聚集的公
共廣場。

君士坦丁凱旋門

羅馬最巨大的建築是絕佳的攝影景點

皇帝君士坦丁在4世紀初為了紀念戰爭勝利而建造的凱旋門，是羅馬規模最大的建築。保存狀態良好，以這裡為背景拍攝的照片非常上相，廣受好評。此外，還有好幾座其他皇帝留下的紀念碑也移設至此，從不同風格的雕刻了解古羅馬的藝術變遷也是一大看頭。

銀塔廣場

現在成為流浪貓中心的
神殿古蹟

距離萬神殿步行 5 分鐘內的銀塔廣場，是保留了神殿昔日風貌的圓頂形古蹟。倒塌的石柱和腐朽的磚牆，時代的流變彷彿歷歷在目，吸引許多遊客前來一探究竟。現在這裡成了照顧大批流浪貓的收容所，可以看見貓咪好像很舒服似地曬著太陽，化為一片撫慰心靈的空間。

聖天使城堡

建作皇帝陵墓的
神聖天使之城

這座城堡是古羅馬皇帝的陵墓，可作為防禦堡壘使用，有時也是皇帝的避難所，還能當作監獄。聖天使城堡的用途隨著時代改變，但外觀一直保留至今，通往城堡的橋上排列著天使雕像，城頂也有向天舉劍的天使雕像。聖天使城堡一如其名，展現出城堡受到天使保護的強烈印象。

亞壁古道

人工鋪設的漫長石板路

古羅馬時代有一條全部靠人工打造、全長15萬公里的羅馬街道。其中歷史最悠久的是亞壁古道。光是沿著這條筆直延伸的道路行走，就能參觀許多遺蹟，還能一路散步到當時以最先進技術打造的水道橋，許多對近年因電影而受到關注的古羅馬浴場感興趣的遊客，都會前來造訪。

卡拉卡拉浴場

在安祥空間欣賞限時表演的露天歌劇

第22代皇帝卡拉卡拉（Caracalla）建造的卡拉卡拉浴場，只要支付便宜的費用就能進場，因此每天都有許多羅馬人民聚集在這裡。除此之外，裡面還設有圖書館、劇場、集會場，對人民來說就是休閒場所。雖然卡拉卡拉浴場隨著時代進步而逐漸廢棄，不過現在仍然可以在這座曾經療癒過許多人的浴場裡欣賞建築裝飾。

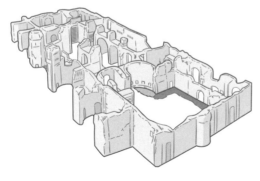

古羅馬時代年表

時代	年	歷史
王政時期	【西元前】753	羅馬王國建國（傳說）
	509	共和政體開始。盧修斯・尤尼烏斯・布魯圖斯、塔奎尼烏斯・克拉第努斯就任為初代執政官（傳說）
共和時期	312	克勞狄開始修建亞壁古道
	272	統一義大利
	264	第一次布匿戰爭（～前241）
	218	第二次布匿戰爭（～前201）
	215	第一次馬其頓戰爭（～前205）
	202	大西庇阿在札馬戰役打敗漢尼拔
	202	發行羅馬第一個銀幣
	201	迦太基投降
	200	第二次馬其頓戰爭（～前197）
	199	奈維烏斯（前269～）去世
	197	第二次馬其頓戰爭（前200～）結束（亞得里亞海和愛奧尼亞海成為「羅馬的湖泊」）
	192	敘利亞戰爭（～前188）
	186	埃米利烏斯・保盧斯在彼得那戰役中擊敗馬其頓國王珀爾修斯，馬其頓滅亡
	184	加圖就任為監察官，大西庇阿隱居利特爾盧姆
	182	制定反奢侈法，禁止奢侈行為（限制宴會人數）
	171	第三次馬其頓戰爭（～前168）
	161	制定法尼烏斯法，取締奢侈行為（限制宴會花費）
	160	埃米利烏斯・保盧斯的葬禮（上演泰倫提烏斯的喜劇《兩兄弟》）

※時代劃分以西洋史為基準。

共和時期	149	第四次馬其頓戰爭（～前148）和第三次布匿戰爭（～前146）
	146	迦太基滅亡。破壞科林斯，設立亞該亞行省
	143	制定禁止奢侈的狄第烏斯法（將法尼烏斯法適用義大利全境）
	135	第一次西西里島奴隸暴動（～前132）
	133	護民官提比略·格拉古實施土地改革
	132	護民官蓋約·格拉古繼承哥哥的土地改革（～前122）
	121	執政官歐皮米烏斯就任獨裁官，打壓格拉古派 （同年收成釀酒用的優質葡萄）
	107	努米底亞國王朱古達引渡羅馬
	104	第二次西西里島奴隸暴動（～前100）
	91	同盟者戰爭（～前88年）
	80	龐貝成為羅馬殖民地
	74	第三次米特里達梯戰爭（～前63年）
	73	斯巴達克斯起義
	63	西塞羅揭露喀提林的陰謀
	60	凱撒、克拉蘇、龐培組成前三頭同盟
	58	凱撒遠征高盧
	55	龐培建設第一座石造劇場
	52	米洛殺害克洛狄烏斯，西塞羅為米洛辯護
	49	凱撒跨越盧比孔河，內戰爆發（～前48）
	48	法薩盧斯戰役（凱撒擊敗龐培）
	44	凱撒就任為終身獨裁官，隨後遇刺
	42	腓立比戰役（屋大維和安東尼擊敗布魯圖斯） 阿格里帕建造尤利烏斯水道
	43	屋大維、安東尼、雷必達組成後三頭同盟

共和時期	31	亞克興戰役
	30	奧古斯都征服埃及，設為皇帝直轄省。托勒密王朝滅亡
	27	屋大維獲得元老院贈予「奧古斯都」稱號。帝制開始
帝制時期	25	阿格里帕開始建設羅馬市內第一座公共浴場（日後的公共浴場典範）
	23	奧古斯都獲得護民官任職權和上級資深執政官命令權
	18	制定婚姻階層專用的尤利烏斯法（鼓勵結婚生育）、禁止通姦的尤利烏斯法
	6	提貝里烏斯隱居羅得島
	2	在海戰演習場舉行模擬海戰表演
	【西元後】6	奧古斯都組成自由民警察消防隊
	9	制定巴比亞波培亞法、修正婚姻階層相關的尤利烏斯法
	14	奧古斯都去世，提貝里烏斯即位
	30左右	耶穌受審處死
	37	提貝里烏斯去世，卡利古拉即位
	41	卡利古拉遇刺，克勞狄烏斯即位
	48	克勞狄烏斯處死皇后麥瑟琳娜（翌年和姪女小阿格里皮娜結婚）
	52	克勞狄水道和新安尼奧水道完工（兩者皆由卡利古拉在38年開工）
	54	克勞狄烏斯去世，尼祿即位
	60	尼祿於戰神廣場建立綜合體育設施（公共浴場、體育場）
	64	發生羅馬大火。尼祿開始迫害基督徒
	65	塞內卡自殺
	68	高盧總督文德克斯起兵反叛皇帝尼祿。尼祿自殺
	69	多人爭奪帝位而引發內戰。平息內戰的維斯帕先即位

帝制時期	79	維蘇威火山爆發（龐貝滅亡）
	80	提圖斯建造競技場和提圖斯公共浴場（公共浴場開始成為娛樂設施）
	96	涅爾瓦即位（在位～98年），五賢君時代開始
	98	圖拉真即位（在位～117年）
	109	圖拉真水道和圖拉真公共浴場完工
	114	小普林尼去世（62年～）
	118	哈德良開始建造蒂沃利的別墅（～133年）
	180	馬可・奧理略・安敦寧去世，其子康茂德繼位，五賢君時代結束
	192	康茂德遇刺身亡，引發爭奪帝位的內戰
	193	塞提米烏斯・塞維魯斯平息內戰後取得帝位
	235	軍營皇帝時代開始
東西分裂	293	戴克里先開始實施四帝共治
	305	戴克里先建設公共浴場
	313	頒布米蘭敕令，承認基督教
	330	君士坦丁遷都君士坦丁堡
	380	狄奧多西將基督教定為國教
	392	禁止信仰基督教以外的宗教，基督教成為國教
	395	羅馬帝國分裂成東西二部
	402	拉溫納成為西羅馬帝國首都
	410	西哥德國王亞拉里克洗劫羅馬
	476	日耳曼人傭兵隊長奧多亞塞消滅西羅馬帝國

向古羅馬時代
學習多元化社會

　　各位讀完本書後，有什麼感想呢？

　　古羅馬帝國是擁有不同價值觀、不同宗教觀與不同民族共生共榮的多元寬容國度。然而，它所建立的並不是自由平等的社會，相反地，古羅馬正是奴隸制度的代表，社會階級分明的國家。

　　這個大帝國自從建立後，經歷 2000 年漫長的歲月，奴隸制度在現代社會中的確消失了，但這意味著我們人類

已經學會認同多元的價值觀了嗎？已然建構起美好的未來了嗎？現實是——宗教之間的紛爭依然連綿不休，文明的衝突也時有所聞。

　　古羅馬帝國最終走向了滅亡，我們生存的這個世界也未必能夠永恆延續。為了避免重蹈覆轍，我認為重新省思這個時代是非常重要的，也深刻體會到正是此時此刻，我們有必要認識羅馬的歷史。

　　我期盼這本談論古羅馬人的書，可以傳閱給更多人。

祝田秀全

參考文獻

◆ 書籍

『教養としてのギリシャ・ローマ 名門コロンビア大学で学んだリベラルアーツの神髄』
中村聡一 著（東洋経済新報社）

『教養としての「ローマ史」の読み方』本村凌二 著（PHP研究所）

『古代ローマの生活』樋脇博敏 著（角川ソフィア文庫）

『古代ローマの日常生活』ピエール・グリマル 著　北野徹 譯（文庫クセジュ）

『図説　地図とあらすじでわかる！ 古代ローマ人の日々の暮らし』阪本浩 監修（青春新書）

『図解雑学 ローマ帝国』阪本浩 著（ナツメ社）

『図解　古代ローマ』スティーヴン・ビースティ イラスト　アンドルー・ソルウェー 著
松原國師 監譯　倉嶋雅人 譯（東京書籍）

『イラストでわかる 古代ローマ人のくらし図鑑』新保良明 監修（宝島社）

『図解 古代ローマ人の日常生活』（洋泉社MOOK）

『オスプレイ戦史シリーズ1 グラディエイター 古代ローマ 剣闘士の世界』
ステファン・ウィズダム 著（新紀元社）

『古代ローマ旅行ガイド　一日５デナリで行く』
フィリップ・マティザック 著　安原和見 譯（ちくま学芸文庫）

『奴隷のしつけ方』マルクス・シドニウス・ファルクス 著
ジェリー・トナー 解説　橘明美 譯（ちくま文庫）

『古代ローマ人の24時間 よみがえる帝都ローマの民衆生活』
アルベルト・アンジェラ 著　関口英子 譯（河出文庫）

※ 另有許多參考資料。

監修　祝田秀全

東京都出生。世界史研究家，專攻歷史學。曾任本鄉高中講師、升大學補習班講師、東京外國語大學亞非語言文化研究所研究員，現為聖心女子大學文學院講師。著有多冊專為兒童、大學生、社會人士所寫的世界史書籍，主要著作有《超世界史》（易博士）、《從零開始的圖解世界史筆記》（尖端）、《世界經典戰爭史：影響世界歷史的55場戰爭全收錄！》（奇幻基地）等多本著作。興趣十分多元，包含研究1960年代的社會流行現象、咖啡廳巡禮，以及用萊卡相機拍照等。

STAFF

企劃・編輯	細谷健次朗、柏もも子、中原海渡、工藤羽華
執筆協力	野村郁朋、村沢讓、龍田昇、玉木成子
插畫	熊アート
設計・DTP	G.B. Design House

KODAI RO-MA KYOUEN TO KAKUSA NO SAHOU
Copyright © G.B. company 2021
All rights reserved.
Originally published in Japan by G.B. Co. Ltd.,
Chinese (in complex character only) translation rights arranged with
G.B. Co. Ltd., through CREEK & RIVER Co., Ltd.

古羅馬宴會與階級文化

出　　　　版／	楓樹林出版事業有限公司
地　　　　址／	新北市板橋區信義路163巷3號10樓
郵 政 劃 撥／	19907596　楓書坊文化出版社
網　　　　址／	www.maplebook.com.tw
電　　　　話／	02-2957-6096
傳　　　　真／	02-2957-6435
監　　　　修／	祝田秀全
譯　　　　者／	陳聖怡
責 任 編 輯／	江婉瑄
內 文 排 版／	楊亞容
港 澳 經 銷／	泛華發行代理有限公司
定　　　　價／	400元
初 版 日 期／	2023年3月

國家圖書館出版品預行編目資料

古羅馬宴會與階級文化 / 祝田秀全監修；陳聖怡譯. -- 初版. -- 新北市：楓樹林出版事業有限公司, 2023.03　面；　公分

ISBN 978-626-7218-35-8（平裝）

1. 社會生活 2. 文化史 3. 古羅馬

740.225　　　　　　　　　　111022493